上級日本語教科書
文化へのまなざし

For Advanced Learners of Japanese
Facets of Culture

【テキスト】

東京大学AIKOM日本語プログラム
近藤安月子・丸山千歌［編著］
KONDOH Atsuko and MARUYAMA Chika, ABROAD IN KOMABA
The University of Tokyo

東京大学出版会
University of Tokyo Press

For Advanced Learners of Japanese
Facets of Culture
Textbook
KONDOH Atsuko and MARUYAMA Chika,
ABROAD IN KOMABA, The University of Tokyo
University of Tokyo Press, 2005
ISBN978-4-13-082122-9

まえがき

　この教科書は、1995年10月に発足した東京大学教養学部短期交換留学プログラム（ABROAD IN KOMABA、通称 AIKOM）の日本語コースで使用する上級レベルの主教材として開発されました。
　2001年に実現した『中・上級日本語教科書　日本への招待』は、中・上級教科書開発のニーズに応える試みでしたが、この『上級日本語教科書　文化へのまなざし』はそれに続く段階の学習者を対象とします。『日本への招待』修了者は、おおむね日本語能力試験2級レベルに達すると想定でき、このレベルは一般に言われている日本留学試験を受験して大学に入学してくる留学生の日本語力に相当すると考えられます。この教科書は、『日本への招待』を修了した学習者のみならず、教養科目を受講する学部1-2年生をも対象とし、大学での講義・ゼミへの参加を中心とした、アカデミックな学生生活で求められる上級レベルの日本語運用能力を実践の中で獲得することを支援します。
　大学入学に際しての試験が日本語能力試験および外国人留学生試験から日本留学試験に切り替わったことにより、学部入学後の日本語学習支援は目下の最重要課題となっています。私どもは、この課題に取り組むにあたって、日本の大学のアカデミックな生活で求められる日本語力の獲得を実現させることを目指した日本語教育を構想し、『日本への招待』修了後の教授法を模索しました。この教科書は、過去8年にわたる、大学のゼミ活動を模した日本語授業の実践の結実です。この教科書が前提とする教授法は、学習者の関心を観察し、学習者からのフィードバックを分析した中から生まれています。
　この教科書は、大学の教養科目となる人文科学・社会科学・自然科学の広い領域をカバーしつつ、学習者の大学生活の基本となる、上級レベルの語彙・表現文型を提供し、これに基づいた学習者の自己発信力を養成することをねらいとしています。トピックには、学習者自身が経験する「越境」と「変容」をキーワードに据え、今日的、かつ、ありきたりの「答え」がない話題、そして「日本」「わたし」といったローカルな視点を超えて世界のだれとでも議論することができるような話題を選定しました。
　この教科書が上級学習者の知的好奇心を刺激し、学習動機を高めることの一助となることができれば、幸せに思います。

目次

まえがき……………i
この教科書で学習するみなさんへ……………v
この教科書をお使いになる先生方へ……………ix
本書の資料を読むために……………xiv

はじめに 越境すること・変容すること ……………1

大学生活に必要な日本語力とは……………2
越境する文化・変容する価値観……………3

テーマ1 国際共通語 ……………5

[資料1] 国際語の意義……………6
課題　　資料1から資料2へ……………10
[資料2A] 言語教育と異文化間リテラシー……………11
[資料2B] 明治の英語達人と平成の英語事情……………19

テーマ2 個性と学び ……………25

[資料1] 「学習集団・生活集団」の新しい方向と課題……………26
課題　　資料1から資料2へ……………34
[資料2A] 能力別教育・到達度教育でここまで伸びる……………35
[資料2B] 「習熟度別指導」は有効か……………44

テーマ3 翻　訳 ……………55

[資料1] 村上春樹さん『キャッチャー・イン・ザ・ライ』の題は訳さないのですか？……………56
課題　　資料1から資料2へ……………63
[資料2A] 正しい翻訳とは……………64
[資料2B] 「菜の花」へのまなざし——「外」から眺めた日本語について………69

テーマ4　フリーターと仕事 …………………………………………… 81

[資料1]　雇用不安の背後で…………82
課題　　　資料1から資料2へ…………88
[資料2A]　フリーター200万人に明日はないさ…………89
[資料2B]　決めつける若者…………95

テーマ5　ポップ・カルチャー ……………………………………… 101

[資料1]　「越境する文化」の時代をむかえた地球…………102
課題　　　資料1から資料2へ…………109
[資料2A]　マンガ・アニメのグローバライゼーション…………110
[資料2B]　プチブルの暮らし方——中国の大学生が見た日本のドラマ………122

テーマ6　クローンと生命 …………………………………………… 137

[資料1]　ヒト・クローンは本当に禁断の技術か？…………138
課題　　　資料1から資料2へ…………143
[資料2A]　遺伝子からのメッセージ…………144
[資料2B]　クローン人間批判の落とし穴——優性思想…………152

おわりに　文化へのまなざし ……………………………………… 163

越境する文化・変容する価値観のまとめ…………164
大学生活に必要な日本語の力…………165

あとがき…………167

関連資料

- エスペラント語とは……………7
- 日本人の英語への関心度……………8
- 少人数クラスの意識調査1……………27
- 少人数クラスの意識調査2……………33
- 少人数学級、取り組み増加……………40
- 一斉授業は習熟度別より上回る（算数）……………46
- 明治時代の「翻訳力」……………57
- 映画タイトルを振り返る……………59
- どちらがわかりやすい？……………61
- 菜の花の写真……………72
- 日本語のボーダー……………78
- 最新の情報はここ……………87
- フリーターの増加……………87
- 「今後フリーターになるかも」……………98
- 地球のフォークロア……………106
- ジャズの歴史についての参考文献……………108
- ヒトクローン胚研究の規制状況……………149
- ヒトクローン胚議論のその後……………151

この教科書で学習するみなさんへ

●教科書のねらい

　この教科書は、日本の大学のアカデミックな生活で求められる日本語の力を身につけようとしている、上級レベルの学習者のための日本語教科書です。異なる視点からの情報を整理することを通して「能動的に考える」ということを、また、理解した情報を自分のことばでまとめて伝えることを通してディスカッションに必要な「正確に情報を伝える」ことを学んでください。

　この教科書は、さまざまなアカデミックなトピックについて考え、議論できるように、みなさんが大学で学ぶいくつかの分野に関連するものを選びました。正確に情報を理解し、自分の理解を正確に伝え合うことを通してはじめて、考えも深まり、日本語力も向上します。

　この教科書を通して、大学一般で要求される日本語の力、考える力、伝える力をつけながら、日本語での知的活動に参加してください。その活動はみなさんの知的好奇心を刺激するものであるはずです。

●教科書の構成

　この教科書は『テキスト』と『予習シート・語彙・文型』と『CD』があります。『テキスト』には、考える力、伝える力を養うための「資料」とその理解を助ける「課題」が入っています。『予習シート・語彙・文型』には、『テキスト』の情報を理解するために必要な「予習シート」、「語彙」と「語彙の索引」、「文型」と「文型の解説・練習」が入っています。『CD』には、『テキスト』の読み物が収録されています。

●『テキスト』

構成

　話題は「日本」「わたし」というローカルな視点によるキーワードを超えて、現代的で、まだ「答え」がないものを選びました。これらは「越境」「変容」というキーワードでまとめられます。日本語運用能力を高めると同時に、「越境する文化」「変容する価値観」という課題について考えてください。

　　はじめに　越境すること・変容すること
　　テーマ1　国際共通語
　　テーマ2　個性と学び

テーマ３　翻訳(ほんやく)
テーマ４　フリーターと仕事
テーマ５　ポップ・カルチャー
テーマ６　クローンと生命(せいめい)
おわりに　文化へのまなざし

「はじめに」では、ディスカッションを通して、皆さんが「越境(えっきょう)」「変容(へんよう)」についてイメージすることを話し合ってください。

テーマ１～６は、「越境(えっきょう)する文化」「変容(へんよう)する価値観(かちかん)」に関連するテーマをそれぞれ三つずつ選びました。「越境(えっきょう)する文化」はテーマ１、３、５、「変容(へんよう)する価値観(かちかん)」はテーマ２、４、６です。

テーマは、どのような順番で始めてもかまいません。みなさんの関心のあるテーマから始めてください。語彙は『予習シート・語彙・文型』の「語彙の索引(さくいん)」、文型は「文型の解説(かいせつ)・練習」を見るとわかるように、複数(ふくすう)の資料にくり返し出ています。どこから始めても語彙、文型を学(まな)ぶことができます。

「おわりに」では、テーマ１～６のあとで、もう一度「越境(えっきょう)」「変容(へんよう)」というキーワードについて考えたり、大学生活で求められる日本語力を考えたりします。

各テーマの構成(こうせい)

各テーマは、次の三つの部分に分かれています。

資料１：
予習シートの「読む前に」を使いながら、みなさんが知っていること、考えていることについて話してください。そのあとで、予習シートを使いながら、資料１を読み、情報(じょうほう)を整理してください。授業では、資料１について話し合い、理解を深めてください。

課題　資料１から資料２へ：
資料１の話題(わだい)のまとめと、資料２A、２B を読むための課題(かだい)が与えられます。資料２A、２B の情報(じょうほう)を読むためのキーワードと、活動の目的を理解してください。授業では、資料２A か２B のどちらかを、あなたが担当(たんとう)する資料として選んでください。

資料２A、２B：
担当(たんとう)した資料を読みます。資料を読む前に、予習シートの「読む前に」を使って、資料の話題について考える準備(じゅんび)をしましょう。そのあとで、予習シートを

使いながら資料を読み、情報を整理してください。ディスカッションを行うときに、内容を報告できるようにまとめてください。

関連資料

資料1、2A、2Bの理解を深め、活発なディスカッションが行えるように、関連資料をつけました。

漢字のふりがなについて

資料は、固有名詞など特別な読み方が必要なものにのみつけました。

●『予習シート・語彙・文型』

構　成

『テキスト』の各資料に対応した「予習シート」「語彙」「語彙の索引」「文型」「文型の解説・練習」があります。

予習シート

それぞれの資料に予習のための質問があります。資料1には「読む前に」「概要の把握」「読みのヒント」があります。「読む前に」は資料1を読み始める前に、そこでとりあげるテーマについて考えるときに使います。「概要の把握」「読みのヒント」は資料1に取り組むときに使います。「概要の把握」は読むのが得意な学習者のみなさんに、「読みのヒント」はゆっくりじっくり読み進めたい学習者のみなさんに勧めます。

資料2A、2Bには、「読む前に」「読みのヒント」「まとめ」があります。「まとめ」はディスカッションの報告のために使ってください。

語　彙

『テキスト』の資料を読むための語彙のリストが入っています。語彙リストには、その語彙が現われる段落番号と、ことばの読み方、英語・中国語・韓国語で意味が書いてあります。

語彙の索引

巻末に語彙の索引があります。『テキスト』のどこに出ているかを確認できます。

文　型

各資料に現れる文型を出てきた順にリストにしています。次に説明する「文型の解説・練習」で学習したい項目を見つけて、説明を読んだり、練習をしたりし

てください。

文型の解説・練習

『テキスト』の資料に出てきた86の文型を、あいうえお順に整理して文型番号をつけました。文型の辞書のようになっていますので、どのテーマの文型もここで学ぶことができます。

自習が可能になるように、文型の解説（文法や使い方のヒント）を簡単な日本語で書きました。また、「話しことば」「書きことば」として使われるものにはそれぞれ話、書のマークを付けました。

ここでは練習をすることもできます。まず文型の使い方がわかるような簡単な例を二つ（①-②）つけました。③-⑤は練習用です。③④は、下線の部分にことばを入れて完成してください。⑤は、その文型を使って文を作ってください。

さらに、『テキスト』に出てきた例文を挙げてあります。実際の文章の中でどのように使われているか、その文型がどのくらいよく使われるかを知るヒントとして使うことができます。例文は、その文型が『テキスト』のどこに出ているかがわかるようになっていますので、使い方を確認することもできます。

● 『CD』

『テキスト』の資料1を朗読した音声を収録しています。自然なイントネーションや発音、アクセントを聞いてください。

●この教科書で独習するみなさんへ

本書は授業で使用することを考えて作ってありますが、独習用教科書としても使うことができます。独習する場合は、ディスカッションをしたりすることはできませんが、「予習シート」や「課題　資料1から資料2へ」を使うと、一人でも日本語による知的活動ができます。知的営みにむけた日本語学習を楽しんでください。

この教科書をお使いになる先生方へ

●教科書のねらい

　本書は、大学のアカデミックな生活で求められる日本語能力の獲得を実現させることを目指した日本語教育の構想の一環として位置づけられます。前著『中・上級日本語教科書　日本への招待』は、この構想の出発点となりましたが、本書はそれに次ぐ上級日本語教科書です。

　『日本への招待』を修了した、あるいはそれに準ずる上級レベルの日本語学習者を対象としており、学習者がアカデミックなレベルで要求される日本語能力を養いつつ、異なる視点からの情報を整理し、「能動的に考える」という技法と「正確に情報を伝える」という技法とを習得することをねらいとしています。内容は、学部留学生の学生生活で取り上げられる、いくつかのアカデミックなトピックを中心に構成してあります。

　「能動的に考える」技法の獲得をねらいとして、学習者の収集する情報に偏りがないように、核になる情報と、それに関連する異なる視点を持った情報を二つ配置してあります。これらの三つの情報は、「能動的に考える」ために選定してあり、その関連を考えるにあたっては、具体的な課題が設定されています。

　大学のアカデミックな活動では、「能動的に考える」ために、確かな情報に基づいたディスカッションが行われます。ディスカッションには、「正確に情報を伝える」ことが必要になります。そこで、本書は学習者が与えられた課題の解決に向けて、情報を理解し、まとめ、正確に伝えることに責任を持たなくてはならない学習環境を提供する教授法を提案しています。

●教科書のテーマ

　本書の構想は、東京大学教養学部短期交換留学プログラム（通称 AIKOM）で『中・上級日本語教科書　日本への招待』後に試みた上級レベルの授業活動の中から生まれました。学習者が日本の大学というアカデミアの中に自分を置こうとしたときに彼らに必要な日本語教育は、「日本」と「わたし」というキーワードから解き放たれて「考えること」「伝えること」を促す段階に入ります。

　本書は、その一歩を踏み出すための手がかりとなる、学習者の多様な関心にもさらなる日本語能力の向上への意欲にも応えうるテーマを選定するための試行錯誤を繰り返し、具体的な六つのテーマに絞りました。

　この六つのテーマはいずれも今日的で、いまだ「答え」がない話題です。一見関連性が感じられない六つのテーマですが、実はそれらは、「越境」「変容」と

いうキーワードを与えられることによって、その連関が浮き彫りになります。学習者が日本語運用能力を高めながら、同時に「越境する文化」「変容する価値観」という課題へ注意を喚起するように構成してあります。

●教科書の構成

この教科書は『テキスト』『予習シート・語彙・文型』『CD』からなります。『予習シート・語彙・文型』『CD』は、『テキスト』の補助教材として開発しました。併せてご使用くださると効果的です。

●『テキスト』

構　成

『テキスト』は、次のように構成されています。

　　はじめに　越境すること・変容すること
　　テーマ１　国際共通語
　　テーマ２　個性と学び
　　テーマ３　翻訳
　　テーマ４　フリーターと仕事
　　テーマ５　ポップ・カルチャー
　　テーマ６　クローンと生命
　　おわりに　文化へのまなざし

「はじめに」では、ディスカッションを通して、学習者がすでに持っている「越境」「変容」からイメージすることを意識化させることを目的とします。

テーマ１〜６は、「越境する文化」「変容する価値観」に関連するテーマをそれぞれ三つずつ選びました。「越境する文化」はテーマ１、３、５、「変容する価値観」はテーマ２、４、６です。

テーマは、どのような順番で始めてもかまいませんが、より自分に引きつけて考えることができるテーマから順に並べてあります。学習者の関心によって扱う順序を決定してください。語彙は『予習シート・語彙・文型』の「語彙の索引」、文型は「文型の解説・練習」からわかるように、複数の資料に重複して出ています。どこから始めても語彙、文型の提出順の問題は生じません。

「おわりに」は、テーマ１〜６を学習したのちに再び「越境」「変容」というキーワードに立ち戻りつつ、大学生活で求められる日本語能力をあらためて考え、その後の活動へと発展させます。

各テーマの構成と授業のながれ

　本書の扱う六つのテーマは、すべて「越境」「変容」というキーワードに関連した議論を導き出すように構成されています。各テーマは大きく四つの部分からなります。

【各テーマの進め方】
　　ステップ1　情報の共有　資料1についての基本的な情報を共有します。
　　　↓
　　ステップ2　課題　資料2を読むためのキーワードとタスクを確認します。
　　　↓
　　ステップ3　分担読解　資料2Aと資料2Bを分担して、情報を理解します。
　　　↓
　　ステップ4　課題の完成　異なる視点の情報を共有し、ディスカッションを行い理解を深めます。

【各ステップの内容】
ステップ1　情報の共有：
導入部分にあたる資料1を通して、テーマで核となる情報を整理することを目的としています。

ステップ2　課題：
資料1と資料2A、2Bを関連させて考えるための課題を与え、学習の動機づけをしてください。

ステップ3　分担読解：
各テーマについて、視点の異なる資料（2A、2B）を提供します。このステップは、上述の「正確に情報を伝える」技法の獲得と、その後のディスカッションを成功させるための前段階として、学習者が与えられた課題の解決に向けて、責任を持って情報を理解し、まとめ、正確に伝えるための準備を行う活動（分担読解）を想定しています。

ステップ4　課題の完成：
分担読解で得た、視点の異なる資料（2A、2B）の情報を学習者が正確に伝えあい、議論を行い、課題を完成します。学習者はこの活動を通して「能動的に考える」技法と「正確に情報を伝える」技法を習得していきます。

関連資料

『テキスト』には、資料1、2A、2B の理解を促進し、ディスカッションを深めることに役立つような関連資料を随所に配置してあります。各資料の導入時などに適宜お使いください。

●『予習シート・語彙・文型』

構　成

『テキスト』の各資料に対応した「予習シート」、「語彙」「語彙の索引」、「文型」「文型の解説・練習」があります。

予習シート

この教科書は予習が前提となりますので、各資料の情報の大意がつかめるようなタスクシートを用意しています。

資料1の設問には「読む前に」「概要の把握」「読みのヒント」があります。「読む前に」は、授業のクラスで資料の導入にお使いください。「概要の把握」は比較的大きな設問で、資料1にのみついています。読みの活動が得意な学習者に勧めてください。「読みのヒント」には細かい設問があります。読みの活動に時間がかかる学習者に勧めてください。

資料2A、2B の設問は、「読む前に」「読みのヒント」「まとめ」があります。「読む前に」は学習者が読み始める前に、資料の内容を考えるために役立ててください。「まとめ」は分担読解の報告の準備のためにお使いください。

授業では、学習者の日本語能力とニーズに応じた読みの指導を行い、学習者の理解を深めてください。タスクシートは、授業内で内容の確認程度に使うこともできます。

語彙、語彙の索引

資料の出現順に並んだ語彙のリストが入っています。この「語彙」には、段落番号、語彙の読み方、その意味を英語、中国語、韓国語でつけています。同じ語彙が複数の資料のリストに現れるので、どのテーマから始めてもいいようになっています。

巻末には「語彙の索引」があります。

文型、文型の解説・練習

「文型」では、前著『中・上級日本語教科書　日本への招待』で扱わなかった文型を86選び、そのリストを各資料の出現順で示しました。

「文型の解説・練習」では、どのテーマから始めてもいいように、86の文型を

50音順にまとめてあります。文型とその意味、例文を二つ（①②）つけました。③④は、下線の部分を補って完成する練習用、⑤は、その文型を使って文を作る練習用です。自習が可能になるように、すべての文型に、簡単な解説（文法や使い方のヒント）を平易な日本語で書いています。また、「話しことば」「書きことば」で限定されて使われるものについて話、書のマークを付しました。

さらに、練習のあとに、当該の文型が、各資料に出現する最初のものを例文として挙げてあります。実際の文章の中でどのように使われているかを参照したり、その量から使用頻度の高さを知るヒントとして使ったりすることが可能です。学習者の産出した文に対して、実際の使用例を示し、文脈、文体的特徴を指摘しつつフィードバックを与えることが可能です。例文の後ろには、その文の出現箇所が記されているので索引としても使用できます。

● 『CD』

『テキスト』の資料1を朗読した音声を収録しています。また、『CD 2枚付セット』では、『テキスト』の「予習シートの解答」（資料1のみ）が付いています。

本書の最終目標は、学習者が複数の視点からの日本語の情報を分析し、考え、日本語で伝える技術を磨くことにあります。テーマに関連した教材を適宜追加するなどして、アカデミアでの活動に耐え、さらにはそれを刺激するような知的営みにむけた日本語学習を指導なさってください。

本書の資料を読むために

　日本語には、話しことばと書きことばで、文末の形や語彙に違いが見られる。このような違いを文体と言う。たとえば、日常会話で使われる話しことばでは、普通体や「です・ます」体が多く、くだけた語彙や表現、「じゃあ」「しちゃった」などの縮約の形が多い。一方、書きことばでは、相手に話しかけるように書く手紙以外では、「です・ます」体は使われず、「では」「してしまった」などの省略しない形が使われる。また、書きことばでは、普通体、あるいは、さらに固い文体の「である」体が使われることが多い。

　この教科書は、一般書や専門書から抜粋した資料を教材に使っており、一般にそのような資料では、書きことばの文体が使われる。この教科書の本文資料を読むために、文体対照表のような、話しことばと書きことばの対応を理解しておく必要がある。

文体対照表

「である体（固い書きことば）」と「だ・ある体（書きことば／話しことば）」と「です・ます体（手紙／ていねいな話しことば）」

【並列接続】

である体	だ・ある体	です・ます体
N・AN であり 例）日本語であり、しずかであり	N・AN で	N・AN で
V（stem） 例）訪問し	V-て	V-て
A-く 例）難しく、少なくなく	A-くて	A-くて
V-ず（に） 例）書かず、読まず	V-ないで	V-ないで

【Copula】

である体	だ・ある体	です・ます体
N・AN である 　例）日本語である	N・AN だ	N・AN です
N・AN であり 　例）日本語であり	N・AN で	N・AN で

N・ANであった 　例）日本語であった	N・ANだった	N・ANです
N・ANではない 　例）日本語ではない	N・ANではない ／じゃない	N・ANではありません ／じゃありません
N・ANではなかった 　例）日本語ではなかった	N・ANではなかった ／じゃなかった	N・ANではありませんでした ／じゃありませんでした
N・ANであろう 　例）日本語であろう	N・ANだろう	N・ANでしょう
N・ANではなかろう 　例）日本語ではなかろう	N・ANではないだろう ／じゃないだろう	N・ANではないでしょう ／じゃないでしょう
N・ANではあるまい 　例）日本語ではあるまい	N・ANではないだろう ／じゃないだろう	N・ANではないでしょう ／じゃないでしょう
N・ANであったろう 　例）日本語であったろう	N・ANだっただろう	N・ANだった でしょう
N・ANではなかったろう 　例）日本語ではなかったろう	N・ANではなかっただろう ／じゃなかっただろう	N・ANではなかったでしょう ／じゃなかったでしょう

【Verb】

である体	だ・ある体	です・ます体
V(y)oo 　例）しよう、来よう、 　　降ろう、できよう	V(Dict.form) だろう	V(Dict.form) でしょう
V−なかろう 　例）しなかろう、来なかろう、 　　降らなかろう、できなかろう	V−ない だろう	V−ない でしょう
V−たろう 　例）したろう、来たろう、 　　降ったろう、できたろう	V−た だろう	V−た でしょう
V−なかったろう 　例）しなかったろう、来なかったろう、降らなかったろう、できなかったろう	V−なかった だろう	V−なかった でしょう

【Adjective】

である体	だ・ある体	です・ます体
A−かろう 　例）難しかろう	A−い だろう	A−い でしょう
A−くなかろう 　例）難しくなかろう	A−くない だろう	A−くない でしょう
A−かったろう 　例）難しかったろう	A−かった だろう	A−かった でしょう
A−くなかったろう 　例）難しくなかったろう	A−くなかった だろう	A−くなかった でしょう

文体の違いは、文末表現だけでなく、文中の語彙や表現にも現れる。たとえば、以下のような違いがある。

話しことばの例：

> 国語教育って、子どものときに自分のことばを覚えた人たちに、本を読んだり漢字や作文を書いたりしながら自分のことばをもっと理解したり自分のことばで表現したりできるようにするためのものだよね。だけど、日本語教育ってのは、普通は外国語を自分のことばとしている人たちが勉強するためのものなんだよ。

書きことばの例：

> 国語教育とは、母語の言語形成期にある児童・生徒を対象に、主として、書きことばの教育を通して、理解力や表現力を養うことを目標とするものである。一方、日本語教育とは、一般的には、日本語以外の言語で母語習得が終わった学習者が対象である。

［練習］話しことばと書きことばでは、どこが違うか考えなさい。

	話しことばの例	書きことばの例
1）	国語教育って	国語教育とは
2）	子どものときに自分のことばを覚えた人たちに	母語の言語形成期にある児童・生徒を対象に
3）	本を読んだり漢字や作文を書いたりしながら	主として、書きことばの教育を通して
4）	…ものだよね	…ものである
5）	だけど	一方
6）	日本語教育ってのは	日本語教育とは
7）	普通は	一般的には

はじめに
越境すること・変容すること

国境のない世界

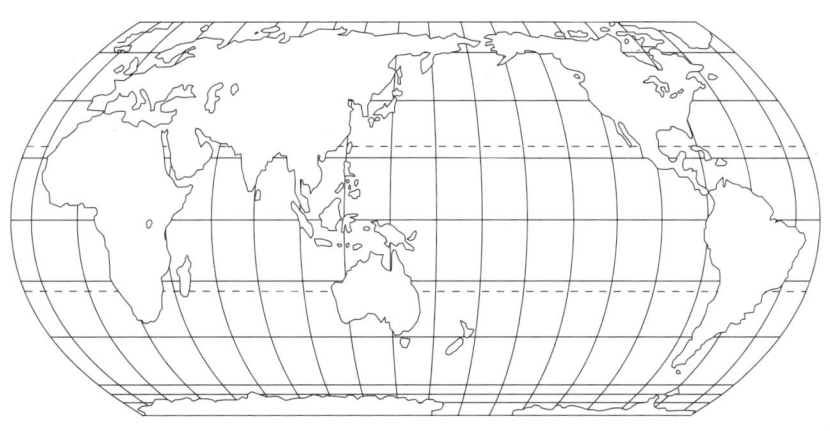

大学生活に必要な日本語の力とは

❶ みなさんは、大学生活で必要な日本語の力はどのようなものだと思いますか。

| 講義を聴く力 | 文献を読む力 | 考えをまとめる力 | 考えを伝える力 |
| 議論する力 | レポートを書く力 | 専門分野の語彙 | その他 |

❷ これらの日本語の力は、どのようにしたら身に付くでしょうか？

❸ これらは、大学の講義やゼミで経験を積むことによって養われていくものです。この教科書を使って、皆さんは大学のゼミを想定した活動を行います。そして、その活動の中で、大学生活に必要な日本語の力とはどのようなものかを考えてください。

この教科書は、「越境」と「変容」をキーワードとして展開します。

越境(する)：border crossing　越(过国)境　경계를 넘음(초월)
変容(する)：change　変貌，変样，改观　변용

越境する文化・変容する価値観

❶ 「越境」「変容」ということばを聞いたことがありますか。どのような意味ですか。

❷ 「越境」「変容」という言葉からイメージすることを、下の写真を見ながらまとめましょう。

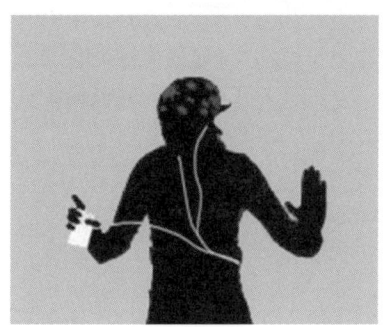

©Disney

クローン羊ドリー

❸ あなたが考える「越境」「変容」のイメージを探して、それをことばで表現しましょう。

❹ ❷と❸についての話し合いを通して、越境する人や物の例によって、何がどのように影響を受けたか、変容したかについて考えましょう。

越境する人や物の例	何がどのように影響を受けたか、変容したか

❺ 教科書の内容について

　❹で挙げた「越境する人や物の例」と「何がどのように影響を受けたか、変容したか」は、それぞれ「越境する文化」と「変容する価値観」ということばに置き換えることができます。さらに、下のように「越境する文化」と「変容する価値観」は、この教科書に収められている六つのテーマに関連しています。

越境する文化	変容する価値観
テーマ１　国際共通語	テーマ２　個性と学び
テーマ３　翻　訳	テーマ４　フリーターと仕事
テーマ５　ポップ・カルチャー	テーマ６　クローンと生命

　この教科書から読み取れるのは、自文化・他文化の境を越えたときに始まるアイデンティティの模索です。教科書の資料を理解し議論することを通して、あなた自身を捉え直すことも試みてください。

テーマ1
国際共通語

挨 拶

こんにちは！

al-salām ʻalāy-kum!

Selamat petang!

Buenas tardes!

Bonjour!

안녕하세요！

Saluton!

Merhaba!

Здра́вствуйте!

Habari?

Magandáng tanghàlì!

Hello!

你好！

Καλημέρα!

Buongiorno!

Guten Tag!

สวัสดี！

[資料] 1 国際語の意義

●民族語と国際語

　国際語は必要か。こういう質問はまことに素朴なので、未来の世代の人びとの物笑いとなるだろう。たとえば、「郵便は必要か」という質問に対して現代人が笑い出すのと同様だ。今日では、大多数の知識階級の人びとは、こんな質問は無用だと思っている。だが、これに対して「ノー」と答える人たちが今でもたくさんいるので、話の順序としてまずこの質問を取り上げることにする。そういう人たちがこのような疑問を抱く唯一の理由は、「国際語は民族語と民族を滅ぼすものだ」ということだ。しかし、正直に言って、民族や民族語がもはやなくなり、全人類が同じ言語をもつ一大家族になったあかつきに、それがどうして人類の不幸となるのか、どんなに頭をひねってみても我われには理解できなかった。だが、仮にそれが恐ろしい事態だとして、さっそくそういう人たちに安心していただきたい。というのは、国際語の目的は、げんざい互いに話が通じない異なる諸民族の人びとに相互理解の可能性を与えることであり、諸民族の内的生活に介入しようとする意図はまったくないからだ。国際語が民族語を滅ぼすと心配するのは、遠く離れて暮らす人びととの相互交流の手段となる郵便が人びとのあいだの口頭の会話をなくしてしまうと心配するのと同じく、滑稽だ。「国際語」と「世界語」とはまったく別物であって、この二つはけっして混同してはならない。いつの日か人間が単一の全人類的民族に融合したと仮定してみよう。その場合、そういう「不幸」（民族的排外主義者の言い分による）は、国際語のせいではなく、人びとの信念や意見が変わったことによる。そのあかつきには、人びとが原則として遂行したいとかねてから望んでいる事業の達成に、国際語が役立つことだろう。しかし、人びとが「自発的に」人類融合を志向するのでなければ、国際語の方からそういう統合を人びとに「押しつける」つもりはけっしてない。[中略]

　国際語の反対者たちが唱えている第二の理由は、民族言語のどれかが国際語に選ばれるかも知れず、その場合には人びとは互いに親和することなく、ある一民族がその他すべての民族に対して強大な支配力を行使し、これを圧迫し、併呑するだろうという心配である。この理由は、ぜんぜん根拠がないわけではない。だが、それは、吟味不足で不適当な形態をした国際語にだけあてはまるものだ。国際語になり得るのは、以下に述べるように、中立的言語のみであるという点に着

目すれば、こういう理由はもちろん全然無意味となる。

04　したがって、国際語の採用が可能かどうかに関する疑問（この点については以下に述べるが）はしばらく脇において、そういう言語の採用が我われの意志によって決まり、その言語の選択に大した間違いを犯さないと仮定した場合、国際語の害悪についてかりそめにも口に出せないことに、誰しも同意するはずだ。その反面、そのような言語が世間にもたらす利益はまことに多大で誰の目にも明らかだから、取り立てて言うまでもない。だが、上述の疑問をじゅうぶんに解明するためにも、この点についてもう少し述べてみることにする。

05　●国際語の効用

06　ところで、実際に人間と同じような形に作られているその他すべての動物がとうてい到達できないほど高度の段階にまで人類がのぼりつめたのは、どういうわけか、考えたことがあるだろうか。我われの文化や文明は、すべてただ一つの事柄の所産だ。つまり、言語の所有であり、そのため思想の交換ができるようになったのだ。互いに言葉による交流ができず、我われと同様に創造された無数の人間たちが何千年にもわたって蓄積してきたさまざまな知識や経験の果実を、思想の交換によって、そのままそっくり利用する代わりに、知識や知恵の蓄積をめいめいがすべて振出しからやり直さなければならないとしたら、万物の霊長だと威張っている人間はいったいどうなることだろう。そうなったら、身のまわりにいる無知・無力なさまざまの動物たちと比べて、ほんの一段でも高いところに立つ

エスペラント語とは

エスペラント語とは、1887年、当時ロシア領だったポーランドのユダヤ人眼科医 L.L. ザメンホフ（L.L. Zamenhof）が提案した言語。エスペラント語使用者人口は、約100万人（うち日本エスペラント学会会員1500人）。

L.L. ザメンホフ（1859－1927）

（日本エスペラント学会「エスペラントとは？」http://www.jei.or.jp に基づく）

こともできないだろう。手でも足でも何でも、我われから取り上げてよい。ただし、思想交換の能力だけは残しておいて欲しい。それさえあれば、我われはもとどおり自然界の王者にとどまり、絶えず無限の完成をつづけていく。いっぽう、百本の手を与え、これまで未知のさまざまな感覚や能力を百個も与えたとしても、思想交換の能力を取り去ってしまえば、無知・無力な動物と同然になってしまうのだ。思想の交換はこれまで不十分でごく限定された形でしかできなかったが、それでも人類にこのように大きな意義をもっていた。そこで、考えていただきたい。もし思想の交換を充分におこなう言語があって、そのおかげでＡがＢと、ＣがＤと、ＥがＦと互いに理解できるだけでなく、すべての人が他のすべての人と互いに理解し合えるような言語があるとしたら、何物にもまさる多大な利益を人類に与えることだろう。どんなに偉大な発明が束になっても、国際語の採用ほど人類の生活に偉大で有益な革命をもたらすものはないだろう。

　些細な例をいくつか挙げてみよう。あらゆる民族の作品をその他すべての民族の言語に翻訳しようとする。だが、この仕事には非生産的な多大の労力と費用が必要だ。しかも、どんなにしても、人間文学のごく僅かの部分を翻訳できるだけで、多様な思想を豊かに具えた人間文学の大部分は、我われにとって未知のままである。しかし、もし国際語が存在したら、人間の思想の分野に現れることのすべてはこの唯一の中立的言語に翻訳するだけですみ、多くの作品はちょくせつこの言語で書かれるようになり、どんな人でも人間精神の所産をすべて知ることができ

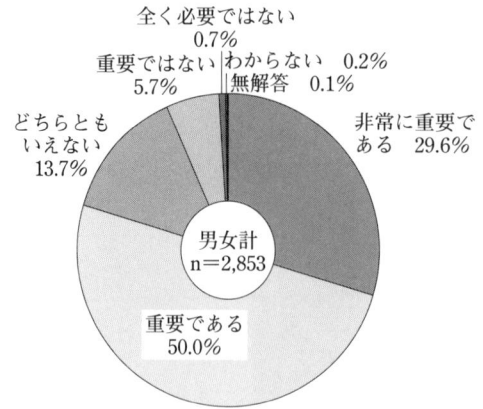

（経済広報センター「教育に関するアンケート結果報告書」、生活情報センター編
『子育て・教育・子どもの暮らしデータ集2002』生活情報センター、2000年）

るだろう。各分野の人間の知識をいっそう充実するために、折りにふれて国際的会議が開かれることがある。だが、そういう会議の実態は、きわめてお粗末だ。じっさいに何かためになることを聴きたいと思っている人や、じっさいに何か大事なことを伝えたいと思っている人は参加できず、何か国語もぺらぺら話せる人だけが参加しているありさまだ。人生は短く、学問は広遠だ。ひたすら勉強に勉強を重ねなければならない。勉強に専念できるのは、短い人生のごく一部だけ、つまり、青少年時代だ。だが、残念なことに、この貴重な時期の大部分は、いろいろな言語の習得のためにまったく非生産的に費やされてしまう。もし国際語が存在したら、非生産的な言語習得に費やす時間を、実際に役に立つ学問の学習にささげることができ、大いに得るところがあるはずなのに。そうしたら、人類はどんなに進歩することだろうに……

08　だが、この点についてはこれ以上は述べない。読者諸君が国際語の形態についてどんな意見をもっていようとも、国際語の効用そのものについて疑う人は一人もいないと思うからだ。しかし、多くの人は、自分の同情や反感がどの程度かについて厳密に考えることはないから、一つの思想のある形態に賛成できなければその思想全体をぜひとも攻撃しなければならないと思うのがふつうである。だから、質問に一貫した説明を与えるため、読者の一人ひとりに何よりもまずしっかり記憶にとどめていただきたいのは、全体として国際語の効用については（もし採用されたとしたら）疑いの余地がないということだ。我々が到達した最初の結論をよく思い出し、留意していただきたい。その結論に諸君も同意していることを思い出していただきたい。それは、

09　「あらゆる国や民族の人びとの間の相互理解を可能にする国際語の存在は、人類に多大の利益をもたらす」

ということである。

10　　　　（ラザーロ・ルドヴィーコ・ザメンホフ『国際共通語の思想――エスペラントの創始者ザメンホフ論説集』水野義明訳、新泉社、1997 年）

課題 資料1から資料2へ

まとめよう

[1] 筆者が国際語の必要性を訴える根拠は何か。
[2] 筆者が理想とする国際語採用の条件とは何か。筆者の意見に賛成か。
[3] 現在、国際語はあるか。それは筆者が理想とする国際語採用の条件を満たしているか。

課題

日本で、国際語の一つにとらえられている英語をとりあげる。下の二つの資料から、国際語にどのように取り組むべきかについて読み、自分の考えをまとめよ。

◆資料2A　言語教育と異文化間リテラシー
◆資料2B　明治の英語達人と平成の英語事情

資料2のキーワード

国際語　英語　教育　異文化　コミュニケーション

資料2を読もう

[1] どちらかの資料を選択せよ。
[2] 選んだ資料から、次の点をすべて含めてまとめよ。
　　1) 筆者が主張していること・伝えようとしていること
　　2) 1)の論拠
　　3) あなたの考え
[3] もう一歩先に進みたい人へ
　　[2]の参考になる資料があったら、付け加えてまとめよ。

[資料] 2—A 言語教育と異文化間リテラシー

●はじめに

　言語教育は、異文化間教育の一環である。日本では、日本人のための日本語教育と英語教育（あるいはその他の外国語教育）のなかで、この関係をもっと追求すべきである。言語教育の一般的目標は、人間どうしの相互理解とコミュニケーションを促進するための言語運用能力の育成にあり、異文化間教育は、そのための理論的実践的支柱となるからである。

　このさいに、異文化間リテラシーの考え方が重要になる。「異文化間」リテラシーは、「文化」リテラシーを前提としている。文化リテラシーは、ハーシュ (Hirsch, 1987, 1993) が提示しているように、社会の成員が共有し、社会の運営に有効と認識されるために維持しようとすることがらについての知識運用能力のことである。

　また、異文化間リテラシーは、異なる文化的背景をもつものどうしが出会い、交流するさいの、相互の文化的伝達、理解、そして調整の能力と定義することができるであろう。このような異文化間の相互作用では、文化リテラシーが有益であることは間違いない。なぜならば、異文化間交流では、自分の文化を説明する能力が常に求められるからである。

　異文化間理解とコミュニケーションは、双方向の相互作用である。しかし、日本人はどちらかというと、これらのことを相手の行動パターンを学習することととらえてきた。その結果、自分の規範を相手に説明することが苦手である。これは、日本語を使っても英語を使っても同様である。本稿では、それぞれの根底にある日本人の言語観と英語観を分析し、説明型コミュニケーション能力を育成する方向を示す。

●異文化間リテラシーと説明型コミュニケーション

　異文化間理解とコミュニケーションは、相手の行動パターンに同化することではない。もちろん、自分の行動パターンを相手に押し付けることでもない。異文化間理解とコミュニケーションは、民族文化の異なる人々との交流にあたって、相手の行動をその文化的背景で理解すると同時に、相手に対して自分の行為を合理的に説明する営みなのである。

相手の立場を理解し、さらに自分の立場を説明できれば、必要に応じて相手の立場を受容することができるし、相手に対して自分の立場を理解するよう求めることもできる。また、両者の立場が相反するときには、両者が協力して相違点を認識して、妥協点を発見する方向に向かうことができるであろう。

このような異文化間交流を推進するためには、相互の関係に生じる「問題」の所在をつきとめ、相互に満足できる解決策を考案することになる。もちろん、異文化間理解とコミュニケーションでは、相手の行動パターンに適応することが求められることもある。しかし、自分の行動パターンを相手に順序正しく説明し、理解を求めることも重要である。

文化的背景の異なる人々と交際すると、どうしても了解事項に差異が生じる。日本人は、このような状況では、相手の規範に順応することをよしとしてきた。クリスマスカードを出す人は多いが、年賀状を出す人は少ない。相手に年賀状の習慣がないからといって、遠慮するのである。日本人は、さまざまな場面で、こうした態度をとっている。

相手の行動パターンにただ合わせようとすると、どうしても部分的になってしまう。相手のシステムの全体を早急に、しかも正確につかむのは非常に困難である。だから、交流を促進するためには、そのような努力を常にはらいながらも、自分の立場をできるかぎり客観的に、そして普遍的に述べることが効果的ではなかろうか。

このような説明型コミュニケーションを実行するためには、文化リテラシーと異文化間リテラシーの両方が求められることになる。すなわち、説明の対象になるのは、各人の所属する文化の事象であり、その説明のストラテジーは異文化間の比較や対照を基礎に、対立や障壁の認識と相互調整の提案という認知的言語的活動になる。

●日本型コミュニケーションの言語構造

ところが、日本人は、日本のことを外国人に説明するのが、とても苦手である。ここで最大の問題になるのは、日本人の「察しの文化」である。「察し」[1]とは、集団の成員が多くの了解事項を共有しているところに成立するコミュニケーションの様式である。もちろん、これは、対人関係と社会組織の認識と深く関連する。

前提の共有意識にささえられ、「察し」の働きに依存すると、くわしく説明しようとする気がなくなる。話し手や書き手は、自分が知っていることは他人も知っていると思いがちなので、なにも知らない人を対象にものごとを順序正しく正確に説明することが、うっとうしく、めんどうになるのである。

そして、「一を言えば十がわかる」、または「言わなくてもわかる」ような人間

関係を重要視することになる。気がきく人は重宝がられ、察しの悪い人はうとんじられる。「そんなこと、言わなければわからないのか」という叱責すらある。"You never told me." とか "I was not told." の叱責と対極をなす。

17 　こうなると、ことばの役割は最小限に抑えられる。ことばをまったく使わなくても、用事を済ませることができる場合もある。多くの母親は子供が冷蔵庫の前に立っただけで欲しいものを察して、それを与える。このようにして、子供はことばをまったく使わなくても、意志を伝達する方法があることを知るのである。

18 　ことばが十分に機能しないと、ことばは必ずしも真意を伝えないという意識が生じる。相手の言い分がことばどおりでないと感じれば、「まあそう言わずに」と真意を探らなければならない。また、もう一押しすれば気持ちを変えさせることができるとふめば、「そこをなんとか」とせまることができる。

19 　自分の知っていることは相手も知っていると思い込むと、本来必要な説明を省略する結果になる。ある温泉の貼紙に、「お湯のなかで白く濁るのは湯の花ですので、ごゆっくりお入りください」というのがあった。「湯の花」がなんであるかを、都会からくる若者が知っているはずという前提に立っている。

20 　これは伝達行動において、意味の解釈を相手に委ねるパターンを形成する。話し手がことがらを明示的に説明するのではなく、聞き手の察しに依存するのである。話し手は、工夫をこらし、入念な表現を考える必要はない。不十分な言い方であっても、聞き手が気をきかして、間隙を補ってくれるはずなのである。以心伝心である。［中略］

21 　しかし、このような日本人の伝統的な言語使用の様式は、同じ日本人どうしのあいだでも、だんだんと不便になってきている。生活や価値が多様化し、察しがきかなくなっているのである。暗黙の了解事項が少なくなり、ことばをフルに使って説明することが必要になっている。これは、日本人の言語生活の新しい課題といえよう。

22 　旧聞になるが、村山首相は、暗殺されたイスラエルのラビン首相の国葬に不参加を表明するなかで思わぬ誤解をまねいてしまった。村山首相は、不参加の理由を問われて、記者団にこう語った。「国会があるものだから。行けなくて残念だが、まあラビン首相とはこのあいだ話したばかりだしね。」

23 　翌朝の『朝日新聞』の「天声人語」はすぐにこれに噛みついた。「このことばを疑い、呆れ、悲しむ。とくに、後段だ。このあいだ話したばかりだから、行けなくても仕方がない。それが、村山首相の論理のようだ。しかし、話したばかりだから、なおさら駆けつけ哀悼の思いを表すのが、政治家として当然の判断であり、人間としての筋ではないのか。」

24 　ところが、村山首相は、発言の真意を次のように説明している。「ラビン首相

とは９月に会ったばかり。和平の話しをしてきただけに残念だ。」つまり、「このあいだ話したばかり」だから、行けなくても「仕方がない」のではなく、行けなくて「残念だ」という気持ちであったようである。

　要するに、文末がはっきりしないために起きたミスコミュニケーションの一例である。以前ならば、話し手が多少ぼかした言い方をしても、聞き手がその真意を察し、適切に解釈してくれたのかもしれない。今でもこういった語法を利用する人が多いが、これではコミュニケーションに多大の支障をきたすという認識も強まっている。

　そして、このことは、外国人とのコミュニケーションに完全にあてはまる。違った文化的背景をもつ人々と交際すると、どうしても了解事項に差異が生じる。そこで、合理的に、明示的に説明しなければならなくなる。これはとてもやっかいなことであるが、異文化コミュニケーションでは避けて通ることはできない。

　説明型コミュニケーションは相手の了解を前提とせず、順序正しく説明するストラテジーである。このようなコミュニケーション様式の訓練は、文化リテラシーと異文化間リテラシーの両方を育成することになる。訓練の過程で、人々は今まで気づかなかった自分を知るようになる。自文化、他文化、あるいは異文化間リテラシーは、そういうことを自覚する態度でもある。

●日本人の英語コミュニケーション

　私たちは、以上のことをまず学校の日本語教育で十分に訓練する機会をもたなければならない。異文化間リテラシーとして、日本語を効果的に使うことのメリットは大きい。第一に、日本語を学ぶ外国人に日本語で日本人の感じ方や考え方を適切に説明できることである。第二に、日本語で十分に説明する習慣がつくと、それを英語に移行できるのである。

　英語は、language for wider communication と呼ばれるように、広範囲の異文化間コミュニケーションに役立つ最も便利な言語である。だから、日本人にとって英語は日本文化を説明することばでもあるし、タイやインドネシアの文化を知ることばでもある。世界の人々は、このような発信と受信の双方向性をもとにして、英語を学習している。

　しかし、日本の英語教育では、英米の文化現象や社会現象を教材にしすぎる。英語を英米文化を学ぶ手段と考えるからである。だから、どうしても受身的な受信型になってしまう。積極的で発信型の能力を獲得するには、もっと日本のことを英語で読み、書き、話す必要がある。

　また、日本人は日本語を話すときと英語を話すときとでは、態度が違うものと思いがちである。日本語を話すときは日本式でいいが、英語を話すときは英米式

にならなければならないと考えてしまうのである。このような見方は、現在の「英語の国際的機能」からみて適切ではない。英語は、日本人が日本人であることを示す国際言語なのである。

33 　だから、日本人は、英語を日本式に使っても、いっこうにさしつかえない。日本式発音でも十分に通用するし、日本式表現も魅力的である。"I can do it before breakfast."（朝飯前）はいまや北米で使われているし、"I have a son who is still chewing my leg at the age of 27."（脛かじり）もおもしろがられる。

34 　このことは、アジアの英語状況をみれば、すぐにわかる。アジアの人々は、一般に英米文化を学習するために、そしてネイティブ・スピーカーと同じように話すために英語を勉強しているわけではない。むしろ、自分が属している民族と文化を意識し、自分を国際的な場面で表現する道具として、英語を使おうとしているのである。

35 　この認識は、日本人の国際英語コミュニケーションに関する異文化間リテラシーから完全に欠如している。この最大の問題を解決し、「国際言語としての英語」に関する適切な異文化間リテラシーを育成するためには、日本人はアジアの人々の英語に対する態度を大いに参考にすべきであろう[2]。

36　●アジアの英語状況

37 　東南アジア諸国連合（アセアン）は、1968年以来、英語を国際言語として振興するために組織的努力を行なってきた。事実、英語はアジアの国内言語としても、国際言語としても定着している。ここでは、その事例をいくつか観察しながら、日本人の英語観を修正する合理的根拠について探索したい。

38　インドの英語

39 　インドでは、もう200年も英語が使われている。英語は、現在では18種の公用語にならぶ準公用語の役割をはたしている。インド人は詩を愛し、修辞を好む。だから、日常生活でも古典的で文学的なことばを頻繁に使う。インド人は"die"や"pass away"などとはめったに言わない。そのかわりに、"breathe one's last"とか"leave for one's heavenly abode"などと言う。

40 　"Life is not a bed of roses, but a hard nut to crack."（人生は薔薇の床にあらずして、艱難辛苦にあり）のような言い方は、日常茶飯事である。私は、以前に、"How is life spinning at your end? I hope this letter finds you in the pink of health."（貴殿におかれましては、いかがお過ごし候や。ご健勝のことと、拝察いたしおり候）という書き出しで始まる手紙をもらったことがある。

41 　『タイム』はかつてインド英語を"Inglish"と呼び、"heavy style that is

antiquated, prolix and opaque"（古く、くどく、不透明な重苦しい文体）であるとかからかっている。例えば、"I will furnish (=give) the information."（情報を提供する）と言ったり、"Please intimate (=let us know) your departure."（出発時間をご通知ください）と言ったりする。

　"People felicitate (=congratulate) each other on their birthday."（人々はお互いに誕生日を祝賀する）や "Police apprehended (=arrested) the absconding miscreants."（逃亡中の悪漢を逮捕した）というのもある。ただし、これらはお国柄とでも考えるべきであり、一方的な価値判断を下すべきではないのである。

　ところで、インド人は礼儀を重んじ、丁寧な言い方をよしとする。このためか、インド人は、"kind"を実によく使う。"Kind information, kind consideration, kind presence, kind encouragement, kind attention, kind interest" などである。ある学生は大学の奨学金に応募して、"I pray with my two folded hands to your kind honour to have kind consideration for my pitiable condition."（私の哀れむべき状況をぜひともご考慮いただきたく、両手を合わせて祈っております）と書いた。

　"May I know your good name?" という言い方もよく耳にする。"good name" とは恐縮してしまう。"May I request your good name?"（お名前をお教え願いたく候）となるとなおさらである。ビジネスレターでは、"esteemed" がよく使われ、"Your esteemed order has been duly noted."（ご注文はたしかに承りました）などとなる。"We beg the favour of your esteemed perusal."（ぜひご一読賜りたく、よろしく奉り候）という凄いのまである。［中略］

フィリピンの英語

　フィリピンでは、タガログ語をベースにしたピリピノが国語として確立するにつれ、英語の役割が減少するように見えた時期があった。しかし、ここにきて英語の力は再び盛り返している。それは、主として社会的、経済的理由による。そして、フィリピン人はアジアとアメリカの両方を意識して英語を見ている。

　フィリピンでは英語はアジアの言語であるという意識が強い。事実、英語はアジアの経済言語であり、英語が話せることは貿易や労働において有利となる現実がある。また、フィリピンでは英語は国内言語にもなっており、行政、教育、文化の媒体として、独特のフィリピン・イングリッシュを創出してきた。

　同時にフィリピンでは、米国への移民は続行しており、ほとんどのフィリピン人は米国に親戚をもっているといわれ、英語は両グループを繋ぐ友好言語になっている。このことは、フィリピン・イングリッシュのさまざまな面にあらわれている。colgate（歯磨き）、pampers（おむつ）、kotex（生理用ナプキン）、kodak（カメラ）、fridgidaire（冷蔵庫）のように、アメリカの製品の固有名詞を普通名詞に

するのも、その一例といえる。

49　フィリピン人の人間関係では謙譲と尊敬の美徳が守られている。自分を抑えて、相手に最大の光があたるようにする。何人も他人の自尊心を傷つけてはならないのである。話をするときには、高飛車な態度は禁物である。たとえば、知らない人に道を聞くときには、"Excuse me, may I ask you a question?" から始めるのがよいとされている。

50　フィリピン文化は、ハイコンテキストであるといわれる。だから、フィリピン人はことばよりも、沈黙や間から意味を解釈しようとする。また、フィリピン人は、人の話をよく聞く。聞きながら、人柄を探ろうとする。そして、相手と同一化することによって（"He is like a second father."／"We are like brothers."）、相手のことばの意味を正確に理解しようとするのである。

51　また、フィリピン人は間接的な表現を好む。ジープニー（ジープを改造した乗り合いバス）の運転手は乗客が運賃を払わなかったりすると、窓に "God Knows Hudas Not Pay" という張り紙をする。Hudas Not とは who does not の意味である。要するに、乗客の察しに期待するのである。

52　フィリピン人は、英語にタガログ語を混ぜて使うことがよくある。タガログ語は、フィリピンの国語であるピリピノ語の母体になった現地語である。フィリピン人は、英語とタガログ語の混じったことばをタグリッシュとかインガログと呼んでいる。英語のなかにタガログ語を入れることによって、フィリピン人は親近感と連帯感を表現しようとするのである。

53　フィリピン人がたくさんいる席では、彼らの英語はどうしてもタグリッシュになってしまう。私たちが突然彼らの英語がわからなくなるのはこのためで、そういうときには、あわてず、"International English, please." と言えばいい。あんまりいきりたって言うと、"Relax ka lang."（落ち着けよ）という返事がくることもある。
［中略］

54　フィリピン人は礼節を重んじ、それを英語のなかに反映している。フィリピン英語の表現をよくみると、実に繊細な思いやりがこめられていることがわかる。フィリピン人は、英語を自由に使いこなしているのである。

55　フィリピン人にとって、英語は西欧の文化を伝達する導管ではなく、自国の文化を表現する媒体なのである。詩人のゲルミノ・アバド氏はこのことを、次のように表現する。"The English language is now ours. We have colonized it."（英語はいまは私たちのことばである。私たちはそれを独自に開発したのです。）日本人は、こういった心意気を学ぶべきではないだろうか。

●おわりに

　以上、異文化間リテラシーを言語教育のなかで育成する考え方について述べた。特に、日本語教育では「察し」のコミュニケーションを越えて、説明型コミュニケーションを訓練する重要性を指摘した。また、英語教育では英語の国際的多文化的機能を認識し、英語を日本人のもうひとつの言語として自由に運用する意義を考察した。

　だいじなことは、共通の了解を前提とせず、客観的に説明し、明示的に表現する態度である。日本語教育でそのような訓練をしていれば、英語を使うときにも態度を変える必要はなくなる。もちろん、英語教育にもそのようなトレーニングを導入すべきであろう。異文化間リテラシーは文化リテラシーとともに、こういうコミュニケーション訓練のなかで自然に育成されるものと考えられる。

[注]

1）ホール（1979）は、このことを High Context/Low Context（高文脈／低文脈）という概念で一般化している。本名信行（1993）も参照。
2）本名信行（1990、1995）を参照。

[参考文献]

Hirsch, E.D. (1987) *Cultural Literacy*, Boston, Mass.: Houghton Mifflin Company.

Hirsch, E.D., Kett, J. F. and Trefil, J. (1993) *The Dictionary of Cultural Literacy*, Boston, Mass.: Houghton Mifflin Company.

ホール、E.T.（1979）『文化を超えて』岩田慶治・谷泰訳、TBS ブリタニカ。

本名信行編（1990）『アジアの英語』くろしお出版。

本名信行（1993）『文化を超えた伝え合い』開成出版。

本名信行（1995）「言語の国際化と多様化──英語を事例として」『異文化間教育』9号、異文化間教育学会（アカデミア出版会）、52-65頁。

（本名信行「言語教育と異文化間リテラシー」『異文化間教育』11号、アカデミア出版会、1997年）

[資料] 2-B 明治の英語達人と平成の英語事情

01 ●「I wish」ときたら「I were a bird」

02 　新渡戸稲造の英語力と札幌農学校の英語教育を調べるために北海道大学を訪れたときのこと、観光客とおぼしき2人のオジサンが新渡戸の銅像に刻まれた I wish to be a bridge across the Pacific という銘文を眺めている。新渡戸が東京大学入試の面接でいった「太平洋の橋になりたい」の名台詞である。英語の心得のあるオジサンAが、英語のわからないオジサンBに向かっておもむろに解説に入る。英文を読み上げたまではよかったが、I wish ときたらつぎに I were a bird とくるもんだ（あるいはくるべきだ、いやきてほしい）と思っているらしく、いわく「これはね、私がもし鳥だったら、海の向こうに飛んでいけるのに、って意味だよ」。

03 　これを聞いた瞬間は笑いをこらえるので必死だったが、あとで考えてみれば、この図像は皮肉でもあり、象徴的でもある。新渡戸が37歳で英文の名著 Bushido, the Soul of Japan を著してから1世紀もの時を経たいま、これが一般の日本人の英語力なのである。

04 ●英語にも得手不得手がある

05 　こういう書き方をすると、いったい日本の英語教育は何をしてきたのかと思われるかもしれない。だが、別に何かおかしなことをしてきたわけではない。普通に、地道に英語を教えてきたのである。もしかりにこの2人のオジサンが（別にこの2人でなくてもいいけど）滝廉太郎の銅像の前で調子はずれの「荒城の月」を歌ったからといって、日本の音楽教育は何をしてきたんだとの議論にはならないだろう。時代にかかわりなく、英語にも音楽にも得手不得手がある。それだけのことだ。

06 　小学校時代からずっと音楽の授業を受けてきたのに、何で自分はこんなに音痴なんだ、といって音楽教育を責める人はいない。ところが、こと英語となると、多くの人が習得したいと思っていることの証しでもあるのだろう、思ったほどの習得段階に達しないと、すぐに教育の仕方が悪いという話になる。文法だ読解だとやらされたが、さっぱり物にならないと文句をいう。

07 　さらには、外国人と実際に話してみたら英語が楽しいものだとわかった、これが本当の英語だ、日本の学校が教えているのは英語じゃない、というようなことをいう人もいる。音楽のたとえを用いていうなら、ちょうど、楽理やクラシック

なんか音楽じゃない、カラオケで楽しく歌うのが本当の音楽だ、といっているようなものだ。

　だが、すでに歴史を追って見てきたとおり、日本語と英語が構造上まったく異なる言語である以上、並の日本人が週に5、6時間程度の授業を10年間受けつづけたって、不自由なく英語を使いこなせるようにはならない。いまの日本の学校における英語教育程度では、I wish I were a bird を脳裡に刷り込むぐらいがせいぜいである。「科学的な」教授法を導入すれば何とかなるのではないか、小学校からはじめれば何とかなるのではないかというのは、語学の何たるかを知らない人間の幻想に過ぎない。むしろ、いまの段階における小学校への英語導入は、長期的な日本の英語教育を考えた場合、逆効果ですらある。［中略］

●母語話者たちの言語戦略

　英語の早期教育を推進しようとしているコミュニケーション中心主義者たちの後ろ楯となっているのが、二言語併用主義（Bilingualism）を唱える外国の学者たちである。この理念のなかには、英語の国際化と言語・文化多元主義とが一見うまいぐあいに包摂されているかに見える。たとえば、つぎのデイヴィッド・クリスタルの議論は、一応もっともらしく聞こえる。

　　ここで、子供たちが十分に二言語併用の素質を持って生まれてきていることは改めて考えてみる価値があるだろう。この地上の3分の2ほどの子供たちは二言語環境で育ち、そのなかで言語能力を発達させていく。子供が恒常的にある言語にさらされたときにそれを吸収するさまは、まったく自然で、大人にとっては羨望のまとですらある。そのような能力は、子供が13歳になるくらいにはすでに消え失せてしまうようであり、どうしてそうなってしまうのかという問題（すなわち「臨界期」の問題）は、学問の場においてかなり議論されてきている。しかしながら、広く認められている見解によれば、もし外国語教育を真面目に考えた場合、基本原則は「早ければ早いほどよい」ということである。そして、世界語の習得ということについて、この問題を真剣に考えれば、英語エリート主義は雲散霧消する。

　(David Crystal, *English as a global language*, Cambridge: Cambridge University Press, 1997：14-15)

　だが、これはいろいろな意味で英語の母語話者にとってきわめて都合のいい教育理念である。まず、彼らが世界のどこに行っても、自分たちの言葉はちゃんと通じる。彼ら自身は外国語など学ぶ必要がない。クリスタル本人は、自分も二

言語環境で育った人間であることを強調しているが、それはあくまでイギリスのウェールズ地方における、ウェールズ語と英語が共存する二言語環境である。ウェールズ人の英語習得と日本人のそれとは比べ物にもならない。

13　それでいながら、ひとたび英語をめぐって紛争が生じた場合には、自分のほうが正しいと言い張ることができる。実際に英語の文書などをめぐるトラブルにおいて、自分は母語話者だから自分の解釈のほうが絶対に正しい、自分はいままでずっと英語を使って生きてきたんだ、という発言をする母語話者は少なくない。異文化コミュニケーションなどと称して仲良く交流をしている分にはいいが、ひとたび事が生じると、彼らはかならず母語話者としての特権に訴えてくる。それでも埒があかなかったりすると、今度は英語の歴史に訴えてくるだろう。自分たちとちゃんと話が通じ、それでいて喧嘩になればかならず勝つ。そんな都合のいい英語教育理念を提示することを、言語戦略といわずして何といおう。

14　## ●英語教育改善の鍵

15　思い返してみれば、かつてイギリスの英語学者C.K. オグデンと詩人・批評家のI.A. リチャーズが提唱した「基本英語（Basic English）」などもふざけた代物だ。通例2万語を要する日常の言語活動を850の英単語で済ませる言語体系を「公用語」として非母語話者に勉強させようというのである。たとえば、この言語体系によれば、つぎのフランクリン・ルーズヴェルト大統領の演説の一節（英文A）は、英文Bのようになってしまうのである。

16　A　The success of our whole great national program depends, of course, upon the cooperation of the public — on its intelligent support and use of a reliable system.

17　〈訳〉　国家全体の政策の成功の鍵を握るのは、もちろん、信頼できる制度を理知的に支援し、使用していく一般大衆の協力態勢である。

18　B　The organization of our nation on a new base is naturally dependent for its right working on the help of the public — on its wise support and use of a safe system.

19　〈訳〉　新しい基盤に立つこの国の組織が正しく運営されていくには、当然ながら、安全な制度を賢く支援し、使用していく大衆の助けが必要である。
（C.K. Ogden, *The System of Basic English*, New York: Harcourt, Brace and Company, 1937）

20　拙訳では2文の違いがじゅうぶんに伝わらないかもしれないが、同じことをいうにも、英文Bのほうが何とも低級な感じがする。自分たちだけは何万語もの

単語を使いつづけながら、非母語話者は850語でいいというのは、まさにイギリス人作家ジョージ・オーウェルの小説『1984年』に出てくる言語政策にも近いものがある。『1984年』のなかの「ニュースピーク」は、大衆が使用できる語数を減らしていくことで思想統制を図るための言語体系だが、もしかりに「基本英語」が共通語として世界に広まっていたとしたら、いまごろ英語の母語話者は精神的・文化的に非母語話者に対して支配的な立場に立っていただろう。意識的であるにせよないにせよ、母語話者とはつねにこういう虫のいいことばかり考えるものなのである。

　そのような母語話者の一見自由主義的な言語論に乗せられて、新渡戸の銅像の前にいた２人のオジサンまでいっぱしの英語話者にするほどの徹底した英語教育をおこなったとしたら、この国はもはや日本ではなくなる。これからの日本の英語教育改善の鍵は、断じて早期教育や二言語併用主義ではない。もちろん、コミュニケーション中心主義でもない。その鍵は、すでに我々が見てきた英語受容・学習の知恵と経験なのである。［中略］

●素読、句読、訳読の効果

　では、いまできる範囲内で英語教育の質を上げるにはどうすればいいか。日本の英語受容史についてのここまでの考証を踏まえて考えてみたい。

　まずは教授法について。外国からいろいろな教授法を仕入れてくるのは結構だが、まるで中等教育の生徒たちを実験台にするかのように試行錯誤をくりかえすのは感心しない。新しい教授法を試す前に、それが日本人にとってふさわしいものであるかどうか、日本の言語文化を踏まえているかどうかをじゅうぶんに検討する必要がある。

　しかしながら、何も外国から新しい教授法など探してこなくても、日本語と英語（あるいは西洋語）との差異、両者の距離を考慮した優れた教授法・学習法は、すでに明治時代以前に編み出されている。素読、句読、訳読など、文法を重視した教授法・学習法が日本人にとっていかに効果的であるかは、長崎通詞たちの外国語習得の早さを見ればよくわかる。もちろん、何度もくりかえしているとおり、彼らは語学の専門家集団であり、当時のエリートである。同じやり方で日本人全員の英語力がつくとはかぎらないが、語学の才能、そして努力の才能のある人間にはきわめて有効な教授法・学習法である。現行のコミュニケーション中心主義の英語教育などは、低級な英語使いを大量生産するだけである。

●いまの日本に必要なもの

　教授法と同じくらい重要なのが、自主学習のための環境整備である。いまの日

本では、英語学習の動機も到達目標も多様化しているため、学校教育だけでは、とてもすべての要求に対応しきれない。外国人と友だちになりたいというだけの学習者と外交官志望の学習者を同じ教室で指導しようというのがそもそも無理なのだ。

28　そこで、とくに高度の英語力を身につけたいと思っている学習者が、それぞれの目的に合った自主的な学習をすることのできる語学施設を整備する必要がある。そして、それは特権的であるほうが望ましい。すでに見たとおり、英語教育の裾野が広がれば、必然的に教育内容の質的低下が起こる。おかしな英語を小器用にしゃべる人間は増えるかもしれないが、そんな低級な英語使いが何百万人いたところで日本の外交や文化に益することはない。

29　いまの日本が必要としているのは、エリート母語話者を向こうに回して政治・外交・文化を議論しても互角以上に渡り合える英語の使い手である。そのような英語達人を1人でも多く育成することが英語教育の急務であり、その資質を持った有望な若者が、わざわざ高いお金を払い、ときに身の危険を冒してまでアメリカ留学などをしなくて済むように、国内の学習環境を整えなくてはいけない。ただし、それをどこが母体となって進めるのかは、これから大いに議論すべき問題であろう。

30　健全な競争原理によって英語教育の質を高めるために、資格試験を充実させるという手もある。ただし大学や企業が、TOEIC や TOEFL などアメリカ英語一辺倒の試験の受験を学生・社員に義務づけるのは感心しない。TOEIC や TOEFL は、おもにアメリカの大学や企業が、自分たちにとって都合のいい英語力を身につけているかどうかを見るための試験である。充実させるべきは、日本人にとってふさわしい英語力を有しているかどうかを測るための資格試験であり、その意味でいえば、英検が日本文化の発信を評価項目の一つとして重視する方針を打ち出したのは、非常に好ましいことだといえる。

31　ついでに述べておけば、日本の英語教育が論じられる際、「受験英語」が悪の根源であるかのようにみなされることが多いけれども、「受験英語」などという特殊な英語はどこにも存在しない。英語が受験科目の一つとして存在しているだけである。そして、多くの答案を効率良く採点するために、やむをえず記号問題や穴埋め問題という、一見「小細工」風の形式になっているだけであり、高校・大学受験のための英語の試験も、コミュニケーション中心主義者が大好きなTOEIC や TOEFL も本質的には変わらない。英語を受験科目から外すというなら、我々英語教師の仕事はその分減って大いに助かるから、別に反対はしないけれども、「受験英語」が日本の英語教育の諸悪の根源ではないということだけは、ここではっきりと主張しておきたい。

(斎藤兆史『英語襲来と日本人』講談社、2001年)

テーマ2
個性と学び

現在の子どもの基礎学力に対する評価

モニター計 n=516

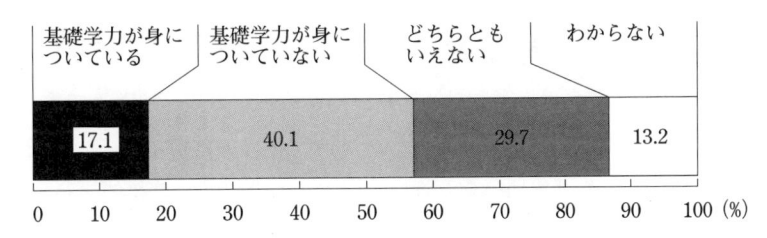

基礎学力が身についている	基礎学力が身についていない	どちらともいえない	わからない
17.1	40.1	29.7	13.2

学習理解力アップのための対策（複数回答）

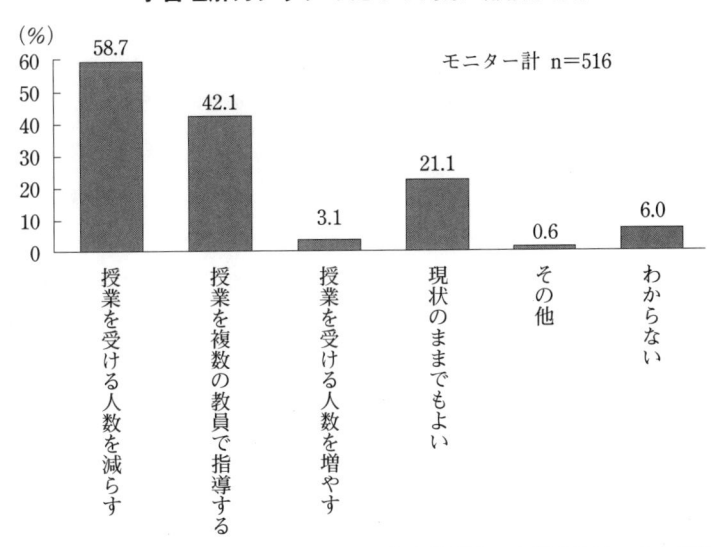

モニター計 n=516

- 授業を受ける人数を減らす: 58.7%
- 授業を複数の教員で指導する: 42.1%
- 授業を受ける人数を増やす: 3.1%
- 現状のままでもよい: 21.1%
- その他: 0.6%
- わからない: 6.0%

2001年3月調査、大阪市政モニター対象

（大阪市「これからの学校教育のあり方について」、生活情報センター編『子育て・教育・子どもの暮らしのデータ集2002』生活情報センター、2002年）

[資料] 1 「学習集団・生活集団」の新しい方向と課題

●個に応じた指導の充実

　子どもの学習集団及び生活集団は、子ども個々の学習の事実に生かされる望ましい集団でなくてはならない。今日の学校教育に求められる〈個に応じた指導〉そのものとして、教育活動に機能することが大切である。

　その方向性は、これからの教育の課題である「創意工夫のある教育活動の展開」「自ら学び自ら考える力（自学自考）の育成」「基礎的・基本的な内容の確実な定着」「個性を生かす教育の充実」などを具現化する方策等の一つとして重視されるものである。これからの学校教育推進のカギになる、と言っても言い過ぎでない。この学習集団・生活集団の在り様は、日々の授業構造に直接的にかかわり、その変革を促すものとなる。また、教育の目的・方法・内容など、学校教育の本質を揺さぶる問題とも連関する。

　ちなみに、学習指導要領でも子どもが学習内容を確実に身につけることができるよう「……個別指導やグループ別指導、繰り返し指導、教師の協力的な指導など指導方法や指導体制を工夫改善し、……」（小学校の総則・第5の2）と記し、学習集団の形態やその指導方法等を工夫することによって、個に応じた指導の充実を図ることを位置付けている。また、学年の目標及び内容を2学年まとめて示した教科については、子どもの発達段階を考慮しつつ、効果的・段階的に指導することをよりいっそう可能にしている（小学校の総則・第5の1）。

　個に応じる指導は、〈子ども中心の授業展開〉に見られる。子どもの学びを教師がじっくりと〈わかる〉ことである。まず、何を学ぼうとしているのか、それまでの学習内容をどのように理解しているかなど、診断的な理解からスタートする。子どもの自ら学習しようとする動機付けは、子ども自身のそれまでの学習経験（自信）のプラス・マイナスによるところが大きい。この状況がどのように子ども自身に構成されているのか、個々の内的な基準を読み取る必要があろう。この理解があるとき、子どもは自分で教材を選択し、学習スタイルを考え決定付けていく。そして、その子どもなりに創造性をふくらませ、自分の学びの世界に浸るであろう。この状況を教師が〈わかる〉ことが重要である。子どもの診断的理解（一次的理解）から、子どもの学習の形成的理解（多次的理解）にかかわることである。単に診断だけに終始してしまうと、この子はこんな子である、との判

断にとどまってしまい、状況理解だけに終始する。その子のよさや可能性を生かす〈子どもの授業〉にはなり得ない。

06 　また、教師が〈子どもをほめる存在〉として子どもにかかわることである。子どもは自分の学習をつくり始めるとき、「よしやってみよう」という欲求よりも、「どうしよう（もしまちがったら）」という不安感のほうが強く意識されるものである。これに対する教師の適切なかかわりやケアがないと、子どもが劣等感を抱くことがある。この解放および除去が教師の役割として求められる。

07 　いわゆる〈ほめる〉ことである。具体的には、「作者の気持ちをこう考えている」「この実験のためにこんな予想を立てている」「どの計算問題から先にやるか考えている」など、子どもの学習の事実を認めることである。そして、その事実に即

小人数クラスの意識調査1

学校での勉強がよくわかるか

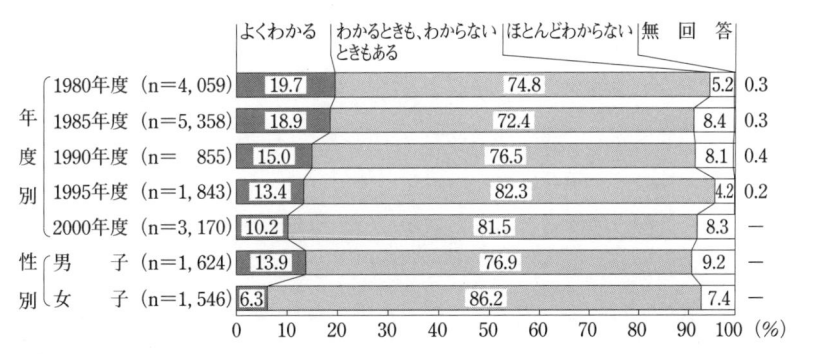

		よくわかる	わかるときも、わからないときもある	ほとんどわからない	無回答
年度別	1980年度 (n=4,059)	19.7	74.8	5.2	0.3
	1985年度 (n=5,358)	18.9	72.4	8.4	0.3
	1990年度 (n= 855)	15.0	76.5	8.1	0.4
	1995年度 (n=1,843)	13.4	82.3	4.2	0.2
	2000年度 (n=3,170)	10.2	81.5	8.3	—
性別	男子 (n=1,624)	13.9	76.9	9.2	—
	女子 (n=1,546)	6.3	86.2	7.4	—

もっとたくさん勉強したいと思うか

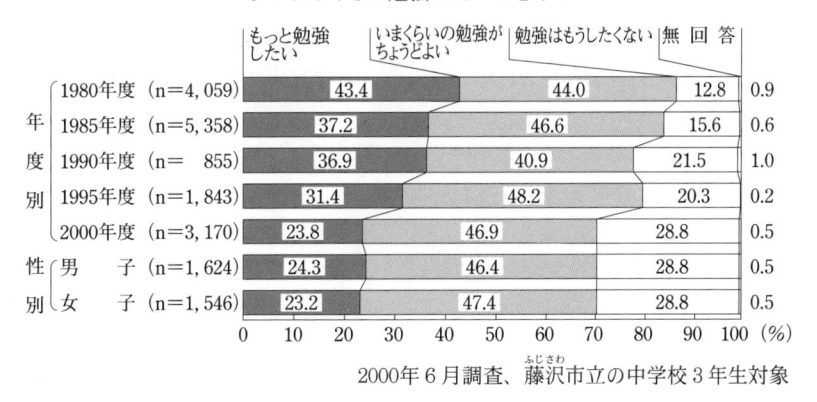

		もっと勉強したい	いまくらいの勉強がちょうどよい	勉強はもうしたくない	無回答
年度別	1980年度 (n=4,059)	43.4	44.0	12.8	0.9
	1985年度 (n=5,358)	37.2	46.6	15.6	0.6
	1990年度 (n= 855)	36.9	40.9	21.5	1.0
	1995年度 (n=1,843)	31.4	48.2	20.3	0.2
	2000年度 (n=3,170)	23.8	46.9	28.8	0.5
性別	男子 (n=1,624)	24.3	46.4	28.8	0.5
	女子 (n=1,546)	23.2	47.4	28.8	0.5

2000年6月調査、藤沢市立の中学校3年生対象

（藤沢市教育文化センター「学習意識調査報告書」、生活情報センター編『子育て・教育・子どもの暮らしデータ集2002』生活情報センター、2002年）

して「なるほどこんなふうに思ったのね。先生もそう思うよ」「よく考えた予想だね。いい実験ができるね」「自分の考えで好きな問題が選べたね」などのように、子どもの学習を受容し、その学びの事実・行動に共感することである。教師も子どもの学習に直接的に学び、教師の考えや思いを伝え、自己開示するようにかかわることである。

●学習集団・生活集団の関係とその意義

①その関係性

　学習集団と生活集団は、子どもの学習活動に相互作用し、そのインセンティブ（誘因）として機能する。基本的には、形態としての多様な学習集団を生活集団が支える役割関係であろう（図1）。そして、学習集団の基本的な形態には個別指導、グループ（小集団）指導、一斉指導の三つが考えられる。この三つを基軸にして、学級単位、学年単位、異学年単位、全校単位、異校種間単位などの学習の組織がつくられることになる（図2）。

　授業の展開にあっては、その目的に応じてこれらの「機能」と「形態」・「組織」の多様な組み合わせが考えられる。具体的には、子ども個々に応じた学習指導、すなわち「習熟度別」「興味・関心別」「学習スタイル別」など、子どもの個性と能力を生かそうとする学習集団の構成が可能になっていく。

　実際には、これらの形態と組織を生かして、柔軟に、しかもその学習の目的に応じた学習集団を考えたい。単に〈どの構成がよい〉という発想ではない。子どもの学びの欲求・目的論に依拠した構成が求められる。教師の腕の見せどころである。例えば、一つの学級を単位に個別指導の形態をとりながら、習熟度別に四つのグループをつくる。学級担任とTT教師が各グループを分担して指導する。学習課題やグループも習熟度に応じて、子どもが自己選択する。

　もちろん、従前から行われている「学級を単位とした一斉指導」の在り方も、子どもの学習活動をある側面で効果的に展開する。この場合、とりわけ生活集団の質・よさが問われる。一定の集団に、同じ教材で、同時に、一つの目標に向かって、ある一定の指導方法で授業が進められることになる。

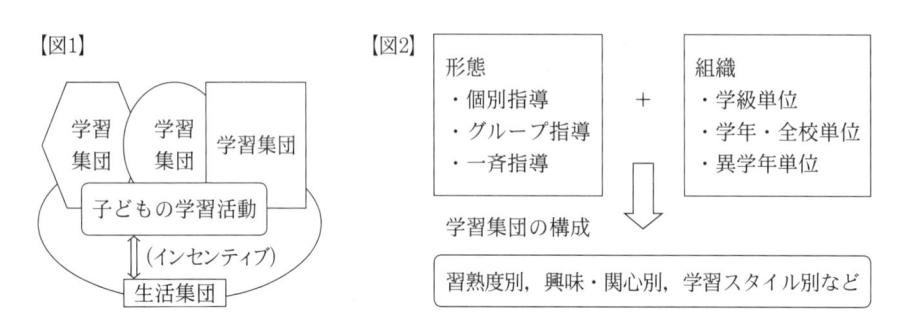

14　しかし、この一斉指導の理解だけでは、子どもの学習活動を指導・援助することは困難である。個性を生かす教育の実現にはほど遠い。これまでの教育の在り方を振り返るまでもなく、自明のことであろう。また、「教育」が本来的に有している〈子どもの能力を引き出す〉という営みにも対応しきれない。

15　**②生活集団としての学級集団づくり**

16　子どもたちがよりよい生活集団を形成していくには、そこでの人間関係と集団形成の在り様によるところが少なくない。学級がまとまることは、学年はじめに所属した子ども一人ひとりが「この学級にいることがうれしい、みんなと学び活動することが楽しい」と感じられるようになるプロセスに見られる（準拠集団化の過程）。例えば、子どもが安心して学習課題を追究できる、自分の役割活動を学級のみんなが認めてくれる、先生もよく聴き受け止めてくれるなどの状況である。これらを子どもが感得するとき、学級のまとまりとしての集団規範も生まれる。以下の例は、このような考え方を大切にした年間計画である。

【生活集団の年間計画】（小学校5年生）

集団成長の視点	子どもの活動と学び
【学年始】 ＊個の特性に応じた活動を展開しているか 【1学期】 ＊学級の中で、個のよさを表現しているか	①学級の目標づくり…新学期の抱負を語る。子どもたちと新学期の希望を話し合う。エンカウンターなどの体験による。 ②学級の運営組織づくり…当番活動や係活動などを決める。 ③学級生活の運営…その進め方や話し合いの計画をつくる。 ④気になる子への対応…個別的な指導の機会をもつ。 ⑤集団への適応…個々の活動の事実からその状況を把握する。 ⑥学級イベントの企画…実践活動を通して生活感を味わう。 ⑦子どもの成長を認める…個の活動や集団のまとまりを感じる。
【学期始】 ＊活動を学級のみんなで楽しむ体験をしているか 【2学期】 ＊互いに認め合い、励まし合う人間関係が見られるか	①個の心身の成長の確認…2学期への意欲と目標を話し合う。 ②学級の組織替え…当番や係をどのように決めるかを自分たちで考え話し合って決める。個の願いが生きる役割分担をする。 ③学級活動の計画の見直し…イベントや活動題材を考える。 ④学校行事への助言…運動会や遠足、文化祭への見通しをもつ。 ⑤個の理解の深化…担任と個別面接の機会をもつ。自分の希望や願いを語る。「先生理解」を深める。 ⑥イベントの企画と実践…学級のみんなのまとまりを味わう。 ⑦集団思考の大切さ…グループの話し合いに自分の考え方を生かす。自分たちで課題解決していく筋道を楽しむ。 ⑧学級集団の成長…多様な体験や活動の積み重ねから、学級生活が楽しく充実していくことを喜び合う。

【3学期】 ＊自らの特性を学級生活に生かす喜びを体験しているか 【学年末】 ＊個々の活動の事実と学級集団の成長を互いに認め合っているか	①新年の目標づくり…新しい自分を語る。6年生になる希望を話し合う。学習の方法や友達とのかかわりを考える。 ②自主的な学級活動…自分たちで学級の問題点やみんなの願いを話し合う。委員会やクラブ活動との関連を考える。 ③集団の中での個の成長…互いの長所に気づき合う。 ④学級集団の成長…活動の事実から集団のよさ、まとまりを感じる。みんなで「学級の1年」と題する文集作りをする。 ⑤自己成長の記録…自分の活動を振り返る。自分史を作る。 ⑥学級活動のまとめ…その組織や運営の在り方を確かめ合う。 ⑦新学年への期待…最高学年になる期待や不安を話し合う。

　このような学級の生活集団の経営計画は、学級担任の理想やあるべき姿だけで成り立つものではない。子どもの実態や学習状況に学ぼうとする〈教師としての姿勢〉そのものが、子ども同士のかかわりや学級のまとまりを高めていく。具体的な実施にあたっては、子どもの目にもわかりやすい月別のマップにする、どんな活動や行事をしたいかなどの視点から話し合う、小集団（例：4〜6人程度の集団）の話し合いを重視する、子ども同士がその場での自由な語らいを体験する、集団内での役割意識を育てる、などの指導に取り組むことになる。

●「教育方法の多様化」と教師の力量

①習熟度別の学習集団

　この方法は、文字通り〈子どもの学習内容の習熟の程度〉に応じて学習集団を編成するものである。一般には、学習の進度や理解に個別的な差が見られやすい教科（算数、数学、国語、英語など）の学習に取り入れられている。

　ある6年生の学級では、算数の授業で学習集団を三つに分ける場面がある。

　例えば、「計算の意味や解き方がわかり発展的な問題に挑戦する集団」（Aグループ）、「解き方は理解しているが誤答が多い集団」（Bグループ）、「その意味や解き方がほとんど理解されず個別の指導を必要とする集団」（Cグループ）などのように、学習の課題を明らかにした集団をつくる。ある期間（年間や学期など）を同じグループにする発想ではなく、その学習の課題・目的・内容に即して随時のグループとする。そして、各グループごとに用意された「ステップアップ問題」にチャレンジする。いくつかの段階に分かれた問題を自ら選択して解いていく。二つの学級を三つのグループにして、担任教師2人とTTの教師1人がそれぞれ担当している。1グループ約25人程度である。グループの選択は子どもの選択や意向を基本にしている。また、学習の進み具合に応じて、子どもが希望してグループを移動することも可能にしている。

　この実践では、子どもが自ら問題を解く挑戦意欲が見られる。教師に質問する子どもが増えた、子ども同士が協力して教え合うようになった、基礎・基本が確

実に身についてきたなどの効果である。また、ある学校では学級崩壊の傾向にある４年生３クラスを習熟度別に編成して指導（算数）したところ、その兆候が収まった。実情に応じて、ひろがりのある成果が期待できる。

24 　一方、習熟度別の学習集団に起きやすい問題点も理解したい。例えば、単に「できる・できない」を区別する考えに陥りやすい、意欲的に学習する子とそうでない子の差が顕著になる、不当な優越感や挫折感を抱かせることがある、保護者にも不公平感や不信感を抱かせる、などが考えられる。

25 ②課題への興味・関心別の学習集団

26 　子どもが自らの興味・関心に応じて課題を選択し、学びの集団をつくる場合である。これまでの学習集団では、中学校の選択教科や小学校でのクラブ活動などがその趣旨や意図を生かした編成をしている。これからは、これらの発想を重視した多様な学習集団の場面を考えたい。例えば、社会科で自分たちで追究する課題を挙げ、それを個々の興味・関心に応じて選択した子ども同士が集まって学習する。また、音楽で一つの合奏を創り上げる際、自分の好きな楽器を選んで演奏パートを組む。これらの工夫は、小・中学校などの校種を問わず、教科の特性や指導の目的・内容等によって多様に工夫することができる。その組織も各学級・学年内で行う場合、異年齢集団で構成する場合など、子どもの課題への興味・関心をベースにした集団構成を発想したい。

27 　この考えによる学習集団は、総合的な学習の時間における「問題解決学習」「課題探究活動」「創造的学習活動」などを成就する基本要件でもある。まさにこの時間の学習が目指している課題発見、自学自考、主体的判断、選択力などを育成する上で不可欠な学習集団の構成であると考えられる。学習過程においては、「自らの興味・関心に応じて課題を選択する」→「それに依拠したグループをつくる」→「互いの関心事を深め合う（学習の追究）」→「発表に向けて協力してまとめる（発表の工夫）」など、その進化のプロセスが見られよう。

28 ③学習スタイル別の学習集団

29 　この考え方では、子どもの個性に応じた学習のスタイルを問題にする。思考の特性として、例えば、課題を積極的に選択できる、思い悩んでなかなか選択できない、ゆっくり時間をかけて学習を積み上げる、などの視点に配慮する。その子の性格特性が学習様式にプラスに反映されるようにする。また、学習の方法として、図書館や各種資料室を上手に活用できる子、実験や観察などの体験学習を得意とする子、友人とのグループ学習を好む子など、個々のニーズに応じる工夫をする。学級・学年をこえた個別的な指導、子どもの思考過程に応じた学習プリン

トの作成、パソコン等の機器の活用なども考えたい。

いかに習熟度別に個別化した学習集団であっても、また興味・関心を生かした集団構成をしても、それがその子の思考スタイルや得意とする学びの方法でなければその学習集団に不適応を起こしてしまう。子ども個々の学習スタイルを生かすには、小集団学習、個別学習、学級での一斉学習などあらゆる集団構成において教師の指導上の工夫と改善、子どもとの豊かなかかわりが求められる。とりわけ、子ども個々の心理的な動きにも留意し、子どもの話や考えをよく聴く、子どもの学習行動を温かく見守るなど、カウンセリングの発想を生かした指導を行う必要がある。このように、子ども中心の学習集団を生かすには、教師そのものが〈教材としての存在〉であることが重要である。子どもの学習活動に役立つ教師、子どもに活用される教師でありたい。

④選択学習の工夫——特別活動の実践から

子どもの選択力が発揮され、それが生かされる集団活動が特別活動である。選ぶ行為は、内発的な欲求を喚起し、自発的な活動への動機付けと意思決定力を身につける。特別活動では、特に以下の選択の学習活動を可能にする。

ア　したいことを選ぶ……例えば、低学年の子どもが学級のみんなでハンカチ落としのゲームがしたい、先生や友達の役に立ちたい、友達と仲良くしたいなどの感情的な意思を大切にする。それへの気づきと選択が、子どもの〈何かをしたい〉とする意欲となって表出する。子ども個々の意志（課題達成）と欲求（情緒維持）を引き出すようにかかわる。ここでは、子どもの言動や感情を受容する。子どもの気持ちをわかろうとする教師である。すると、子どもに「こんなことがしたい」「よし、やってみよう」とする純粋な行動化が見られる。

イ　議題を選ぶ……代表例は、学級活動の議題選定の場面である。自らの興味・関心、欲求、活動の目的などに応じて、どんなことをしたいかを決める。また、ものごとを民主的に問題解決する基本要件を学ぶ。話し合いの在り方や実践活動の場面、活動への満足、次への活動意欲などに連関していく。例えば、議題ポストに集められた議題案を3〜5個に整理する。この中から、学級会の議題を決定し、その提案理由や話し合いの展開などを考えるプロセスを構想する。議題の選択は、子どもたちの活動を方向付け、個々の目標と集団目標を明確にする。また、集団の協調性や心理的な結び付きなどを醸成する。

ウ　活動内容を選ぶ……自分たちの集団活動の営みを、知恵と行動で決定する場面である。ここでは、子どもたち個々の意思が十分に尊重され、民主的な手続きを踏まえて集団の活動として内容決定される。子どもたちの集団性と活動性が最も育つところである。具体的には、みんなの考えや意見を聞く、自分の意見を

話す、その意見をもとに話し合う、考えや意見を調整してある方向を見いだす、何をするかを集団決定する、実際の活動への動機付けをもつ、などを体験する。ここで子どもたちは、みんなの気持ちにふれる、自分の意見を話す満足感を味わう、メンバーの心情的なかかわりを体験する、みんなで決める喜びを味わう、実践への意欲をもつ、などの集団活動が有する業績を認め合う。例えば、協働の精神（みんなでやっていこう）、共感的な活動体験（相手のよさをわかる）、目標の達成（こんなことができた）などである。

エ　役割を選ぶ……役割を選ぶことは、きわめて有意義な選択学習である。何を選ぶかを自らに問いかけ、いくつかの選択肢の中から自らが決定し、それに対して自分で責任をもつことである。この一連のプロセスが自らの意思に依拠するところが多いだけに、選択の行為にワクワクしたり、新しい自分を見いだしたりするものである。子どもが担う一つの役割（role）が、その子のその集団における位置・地位（status）を意味付ける。例えば、学級活動の係活動でだれがどの係を担うかを決める場合がある。自らの意思でどの係を担うかを選び、その集団の承認を得て、自らの意思と合わせて自分がやりたい係を決定する。また、その係の中でもリーダー、サブリーダーなどのほか、その係に必要な諸係を決める。集会係の場合では、ゲーム係、歌係、準備係などが考えられる。

（有村久春「「学習集団・生活集団」の新しい方向と課題」、宮川八岐編『個性を生かす教育と集団指導』教育出版株式会社、2003年）

小人数クラスの意識調査2

学校の授業に期待する事柄

n＝3,170

	非常に期待する	少し期待する	あまり期待しない	まったく期待しない	無回答
楽しくリラックスした雰囲気	54.4	29.8	9.8	5.6	0.4
自分の興味や関心のあることを学べる	50.3	30.5	12.5	6.2	0.5
教科書をきちんとわかりやすく教えてくれる	46.1	32.7	15.1	5.6	0.5
生徒の意見を受け入れてくれる	36.5	41.5	14.8	6.7	0.6
自由に好きなことができる	32.0	25.5	24.8	17.2	0.5
けじめがあって、集中できる	19.9	47.4	23.8	8.5	
自分たちで課題を見つけ、考えたり調べたりする	13.5	35.1	33.9	16.9	0.5

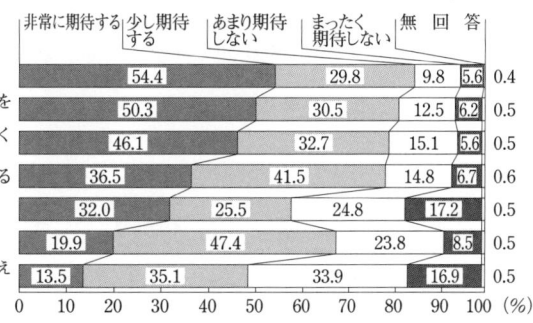

2000年6月調査、藤沢市立の中学校3年生対象

（藤沢市教育文化センター「学習意識調査報告書」、生活情報センター編『子育て・教育・子どもの暮らしデータ集2002』生活情報センター、2002年）

課題 資料1から資料2へ

まとめよう

[1] 筆者は個に応じた指導をどのように整理したか。
[2] 特に習熟度別学習の効果と問題点は何か。

課題

個に応じた指導として、習熟度別学習というのがある。下の二つの資料から、習熟度別学習の是非について論点を整理し、自分の考えをまとめよ。

◆資料2A　能力別教育・到達度教育でここまで伸びる
◆資料2B　「習熟度別指導」は有効か

資料2のキーワード

| 能力別教育 | 習熟度別指導 | 能力の差 |
| 到達度評価 | 競争　協力　協同 | |

資料2を読もう

[1] どちらかの資料を選択せよ。
[2] 選んだ資料から、次の点をすべて含めてまとめよ。
　　1) 筆者が主張していること・伝えようとしていること
　　2) 1)の論拠
　　3) あなたの考え
[3] もう一歩先に進みたい人へ
　　[2]の参考になる資料があったら、付け加えてまとめよ。

[資料] 2-A 能力別教育・到達度教育でここまで伸びる

01　●生徒の努力差を見る"能力別教育"

02　桐蔭学園を創設したのは昭和39年（1964）である。すでに、四半世紀以上が過ぎた。

03　その39年4月の開校式当日──。次々と登校してくる生徒たちは、
「あっ、校舎がない」
と、怪訝な声をあげていた。

04　無理もない。開校に間に合わせるため、プレハブの建物を代用にしていたのだ。本物の校舎が完成したのは、8月になってからである。いま思い返せば、よくそれで学校運営が軌道に乗ったものだと不思議な気もする。ただたしかに言えるのは、生徒はどう思おうとも、私をはじめ、教師たちは"教育"への新たなる思いに高揚していたということである。いよいよ自分たちが夢見て来た理想の教育ができるという思いである。

05　公教育でどうしても実践できなかったことや、実行が困難だったことで、しかも教育上必要だと信じていることを思い切って実践できる場が欲しかった。そのための桐蔭学園の開校だったのである。

06　教育は、理事者側の理念だけではどうしようもない。どの私学でも、建学の理念は立派である。問題は、それを出しっ放しにしている私学が多いことである。学校教育は理念を空論に終始させる場ではなくて、実践の場である。毎日、毎時間、何を具体的にくり返し行うかということである。桐蔭の場合、
　できないものをできるようにし
　できるものをさらに伸ばすのが教育だ

07　──この言葉に尽きてしまう。この35年にわたって、一貫して桐蔭学園が実践してきた教育は、これ以上のなにものでもない。なお、この「できる」「できない」は、教科だけに限らない。すべての面にわたって生徒は未完成であり、教師・生徒ともこの未完成の状態を認識し、教師の指導と生徒の努力により、できる力を作り、伸ばす。やればできるし、やらねばならないという考え方である。

08　そして、肝要なことは、この一見、何でもない言葉で表現される教育を実施するために行ってきたのが、"能力別教育"ということである。つまり、"できないものをできるようにし、できるものをさらに伸ばす"ために、私たちが採用した

手段が、"能力別教育"だったというわけだ。いまでこそ、"能力別教育"という言葉も少しずつ理解の輪を広げつつあるが、かつては、見当違いの中傷や批判を浴びた。現状は、数年前と比較しても、隔世の感がある。

　それでも、まだ、とんでもない誤解を受けている事実が散見されるようだ。たとえば、千葉県でこんなことがあった。

　ある中学校長が、能力別授業と称して、できる子のグループとできない子のグループを分けた。

　そして驚いたことに、この両極端のグループを一緒にして授業したというのである。この事実が明るみにでて、「関係者は非難の声をあげている」と、新聞は報道していた。これはいくら考えても妙な教育方法である。報道に間違いがあるのではないか、と各新聞を読み合わせてみたが、新聞の報道内容は、いずれも同じものであった。事実とすると、この校長の意向がまったくわからない。何のために区分けしたのか、また、区分けしたものを何のために合わせて授業するのだろう。

　こんな安直な区分けや授業の方法が、"能力別教育"だと思われてはたまらない。こんな非常識なことをすれば、"能力別教育"反対の声がでてくるのも当然なのである。生徒は、妙な机上の空論による教育論のモルモットではない。

　実際の教育現場でこのような非常識は論外だとしても、まだまだ一般的には、"能力別教育"そのものが、正当な評価を受けていない。

　このことは、"能力別教育"をすることについて賛否をとると、反対の声がかなり多いことでよくわかる。

「できる子とできない子を分けて、できる子だけを伸ばすというのは、できるほうに選ばれた子の便宜だけを図るのでは？」

「できない子どもを切り捨てることになるだけではないか。結果として、できない子をスポイルして、できる子を傲慢にすることになってしまう」

などの意見が必ずのように出される。ともに、人格形成上大きなマイナスを与えるという反論である。これらの反論は、いずれも、できない子の立場からの意見であることがほとんどだ。

　しかし、これらの反論は、"能力別教育"への誤解にもとづくものだと思う。

　桐蔭では、昭和39年の創立以来、中学・高校ともに、英語・数学について、さらに高校では一部理科についても能力別授業を実施してきている。"能力別教育"が生徒の人格形成において悪影響をおよぼすことはまったくない。むしろ、プラスだとの確信を持っている。

17 ●能力の差とは努力の差

18 　巷間、桐蔭の能力別授業は、単に受験成果をあげる方法として採用しているだけだと批判する人もいる。たしかに受験成果はあがっている。平成10年実績では、東大合格が96人で全国の高校ランクで3位、東大・京大・一橋大・東工大を合わせると199人でこれは全国で2位。また私大では、早大合格が408人、慶大は439人合格であるから、それぞれ全国で1位である（補欠入学を含む）。もちろん、"能力別教育"の成果であることを否定するつもりはない。

19 　が、ここで、声を大にしていっておきたいのであるが、桐蔭の"能力別教育"は、本来、人間の生き方に連なるものとして、とりあげているということだ。人間の生き方を学校の授業面にまで持ち込んだものだと理解してもらいたいのである。

20 　私たちが、それぞれの人生を生きていくうえで軸とするのは、自分の得意な面をいかに発揮するかということだ。不得意な面はできるだけ表面に出さないように、出さざるを得ない場合には、得意な面で補うのが人生の送り方だろう。

21 　小学校、中学校と違って、高校生ともなると、相当優秀な子でも、なにもかもできるというわけにはいかなくなる。また、外部からみると、なにもかもできるようにみえる子でも、本人にいわせると比較的苦手というものが必ずある。また、普通以下の成績の子は、不得意なもの、できない科目に劣等感を持ち、なにもかもダメだと思い込んでしまう。

22 　これらは、生徒全体をある共通の尺度で測ることから生じる。共通の尺度で測ると、当然、長短軽重がでてくる。これが相対評価である。

23 　ところが、これとは方法をかえて、生徒個人に自分の内部を冷静に観察させると、割合ましなものと、我ながらよくない部分があることに気づく。また、逆な観点から再点検させると、長所と思ったものが短所で、短所と思ったものが長所であることに気づいたりする。

24 　たとえば、"愚図"と自ら思っていたものが、愚図のために得をしたこともある。これは結果からみると"慎重"という長所に変わったということだ。また逆に、"果断"と思っていたものが、"性急"だったと思われ、反省しなくてはいけないことになったりする。字が汚いと思ってコンプレックスを持っていたのが、平凡でなく個性があるといわれて驚く人もでてくる。このように、生まれつきの性格でさえ、生かしようでよい面を伸ばし、悪い面をダメージに連ならないように処理することができるのだ。

25 　まして、学校教育の結果で生じてくるところの教科の得意、不得意などは、やり方次第でいくらでも変えることができる。

26 　"能力別教育"では、比較的得意な教科を伸ばすように心がけるのは当然だが、

一見、得意なものがないような場合でも、ちょっとした心づかいから、それをつくるようにさせる。

その方法は、他者との比較ではなく、自分にだけ目を向けさせるのである。

そうすると、

「この教科は、あの科目より好きだ」

という科目が必ずでてくる。まず、その科目を得意科目にさせ、他者と比べて簡単には負けるものではないという自信を持たせるようにする。国語、地歴・公民、理科、どの科目でもよい。また、芸術、体育といった実践教科でもよい。

ここで付言しておくが、桐蔭では、"能力別教育"を実施する教科を、おもに英語・数学としているのは、この2教科が、ほかの理科、地歴・公民、体育、芸術の諸教科と比較して重要であるという意味では決してない。他の教科と本質的な意味で軽重をつける理由はないし、他教科より重視する理由もない。いわんや、英語・数学の2教科のできる子が、人間として優秀などということはまったくない。英語や数学の教師が、他の教科の教師より優秀でもなければ、人格的にすぐれているのでもないのと同じことである。

ただ、英語・数学の2教科のできる子は、それぞれの教科に努力した結果であるということはたしかである。いうならば、英語・数学の2教科は、積み重ねた努力の結果が如実に学力となる科目だといえる。これらの教科ができないのは、頭が悪いのではなく、あきらかに努力が足りないということなのである。

成績の上下は、努力差である。能力別の"能力"は、先天的なものととられるおそれがあるが、そんなことはない。単に努力の差なのである。言葉のうえでの誤解を心配してか、文部省や教育委員会では、能力別とはいわずに"習熟度別"と表現している。桐蔭では、"能力も努力により後天的に備わる"という意味から、あえて、わかりやすい"能力別"という言葉を使ってきた。"グレード別"であり、"学力別"といってもよい。

いずれにしろ桐蔭の"能力別教育"は、「能力は努力の結果である」。つまり、「能力は努力によって絶えず変化していく」という考えに基づいて実施しているのである。

●教師と生徒が一体になった"能力別教育"

マラソンコースを2時間あまりで駆け抜けるランナーと、5時間かけても完走が疑問の一般人とを走らせて速い、遅いを論ずるのは、どちらにとっても意味がない。桐蔭では、体育の時間に、速い者は速い者同士、遅い者は遅い者同士走らせて向上を図らせる。とても及ばない相手と競うことは、劣等感を増すか、最初から諦めてしまうだけで意味がない。

35　能力差の歴然としている生徒を一緒にして授業することは、伸びる者を伸ばさないし、低い者をそのまま放置することになるきわめて不親切な教育である。それが、まったく非能率的であることは、現場の教師なら、だれしも認めていることだ。しかし、この"能力別教育"が、安直な考えや方法では実施できないこともまた現場教師はよく知っているのである。

36　それは、教える側にとって、数倍の努力と労力が強いられることになるからである。能力（努力の差）の判定や能力度により授業方法や授業内容を変えるなど、さまざまな課題がでてくる。

37　桐蔭学園は、創設以来、この"能力別教育"を教師と生徒で、一体となってやってきた。もちろん、初期の段階においては、手さぐりの状態がなかったとはいえない。だが、私たちは、ひたすら、"能力別教育"の完成を目指して改良に改良を重ねてきたのである。机上の教育論としてではなくて、教育現場での教育の実践としてそれを推し進めてきた。そして、この努力は現在も続いている。
「子どもを差別することになる」とか、「落伍者を見捨てる教育」だとか、「生徒をスポイルしてしまう」という非難は現状を十分に認識していないか、または攻撃のための論理としか思えない。

38　教育界内部の人間で、"能力別教育"を否定する人の本音には、煩わしさをいとう気持ちがあるのではないかと思う。たしかに桐蔭のように"能力別教育"を徹底して実施するとなると、教師の負担は大きくなる。完全実施のためには、生徒の学力に応じてクラス分けをするだけでなく、テキスト、少なくとも補助教材は変えなくてはならない。教える内容は当然違ってくるし、試験問題も学力に応じて変えなくてはならない。桐蔭式の"能力別教育"を実施するためには従来の何倍もの負担を教師にかけることになる。本気で生徒の学力を増進するために、献身的な姿勢を示さないかぎり安易に実施することはできない。

39　たとえば、少なくとも、上・中・下の３段階に分けて、別な教材、別な方法で教えることになる。能力別でなければ、一つの教材、一つの方法ですむ。

40　文部省がいう"習熟度別教育"は、生徒の学力により３段階に分ける程度の簡単なものが大部分であるが、公立高校（全日制で普通科にかぎって言えば）の44.1％が実施している（昭和63年の調査による。これ以降、文部省は調査していない）。それでもまだまだ反対の声が強いのは、こうした実施に際しての困難の前に足踏みしているからだろう。実施に当たっては、当該教師の全員が賛成しなくてはできないし、さらには校長以下が一丸となって取り組む必要がある。
"能力別教育"反対の声のなかに、こうした煩わしさをいとう非教育的な発想を私は感じる。

41　しかし、そうした自己本位の姿勢では、生徒の能力を伸ばすことはできないし、

行政サービス調査から《3》 教育

少人数学級、取り組み増加

公立学校の運営を中心に「教育」は今後、地域間で基準からさらに三十人以下に引き下げた。授業に適応できない小学生や、中学進学をきっかけに不登校になる生徒が増え、「きめ細かな指導が必要」と少人数学級を打ち出したのだ。

このために市は二十人の教員を独自に採用。経費は年間約一億千万円と少なくないが、二十歳代の先生を中心に選んだことともあり「学校に活気が出た」と評判も良い。

埼玉県志木市も十二人の教師を市の臨時職員として採用し、小学一、二年生はクラス四十人が基準だが、埼玉県は小学二年と中学一年は三十五人。千葉県は三十八人（小学一、二年）、山梨県は三十人（小学一年）、神奈川県は三十五人（小学一年、一部のみ）。一方、東京都は依然として四十人のままだ。

埼玉県行田市は四月から、小学校の一、二年生、一学級二十九人以下、三年生は三十二人以下に引き下げている。

少人数学級が増える一方、児童の学力低下や問題を抱える学校の増加で、県の基準に上乗せして教員を増員する市区町村が広がっている。非常勤講師などを一校平均で一人以上独自に採用している自治体は、千葉県浦安市などには我孫子市が一位だ。小学校では千葉県八千代市四十二市区、中学校では東京都品川区など三十二市区（一校七十四・三台）が最も多い。

情報教育のために、公立中学校に導入しているパソコン台数では埼玉県蓮田市の一校百一台がトップで、千葉県我孫子市の八十九・六台で二位、埼玉県鶴ケ島市が七十三台で三位だった。

最近では放課後の子供の安全まで学校が気を配るようになっている。都市部では子供が安心して遊べる空間が減り、様々な事件が多発しているためだ。放課後の教室や校庭を小学生に幅広く開放する「全児童対策事業」の実施状況を調べたところ、四十八市区が取り組んでおり、横浜市など三十九位）。東京は文京区、荒川区、武蔵野市が同点で一位（同九位）だった。

少人数学級が増える生は三十二人以下に引き下げている。

少人数学級が増える一方、児童の学力低下や問題を抱える学校の増加で、県の基準に上乗せして教員を増員する市区町村が広がっている。ただ、蓮田市はパソコンが更新期を一時的に併存した結果なので、実質的一位は浦安市。埼玉の都圏一位は浦安市。神奈川は藤沢市（同二十位）、山梨は甲府市（同三十九位）。東京は文京区、荒川区、武蔵野市が同点で一位（同九位）だった。

図書館の蔵書数のトップは千葉県袖ケ浦市で一人一・八六冊。千葉県成田市が七・四冊で二位、埼玉県鶴ケ島市が七三冊で三位だった。

「教育」（七項目）の首都圏一位は浦安市。埼玉の都圏一位は秩父市（首都圏四十位）、神奈川は藤沢市（同二十位）、山梨は甲府市（同三十九位）。東京は文京区、荒川区、武蔵野市が同点で一位（同九位）だった。

している。

図書館蔵書数が多い千葉県袖ケ浦市（同市内の中央図書館）

教育の上位都市（70点満点）

	都市	点
①	浦安市（千葉）	46.5
②	袖ケ浦市（千葉）	45.5
③	渋川市（群馬）	42.5
④	秩父市（埼玉）	41.0
⑤	鳩ケ谷市（埼玉）	39.5
⑥	所沢市（埼玉）	39.0
	深谷市（埼玉）	39.0
	成田市（千葉）	39.0
⑨	行田市（埼玉）	38.5
	戸田市（埼玉）	38.5
	市川市（千葉）	38.5
	文京区（東京）	38.5
	荒川区（東京）	38.5
	武蔵野市（東京）	38.5
……以下、東京都内……		
⑮	品川区	38.0
⑰	新宿区	37.5
㉔	豊島区	36.5

▼教育　調査項目は市（区）立学校当たりパソコン導入台数（小学校）、同中学校、少人数学級への取り組み、非常勤講師の独自採用、土曜日の補習及び全児童対策事業の実施状況、人口当たり市（区）立図書館蔵書数、同・博物館面積――の七項目。

（『日本経済新聞』2004年11月5日付朝刊）

なによりもそんな怠惰で不親切な自己本位の教師がいかに言葉巧みに接しても、生徒の心は動かない。教育の荒廃を生むのは、生徒の心に触れないこうした教師側の姿勢にあるのではないか。[中略]

●到達度評価とは何か

43　さて、能力別教育とともに、桐蔭生（とういん）の学力を伸ばしてきたのが到達度評価教育である。

44　桐蔭（とういん）のすべての教科の指導に当たって、全員を中学では100点満点で70点、高校では60点とれるようにする。英語・数学など能力別授業の行われている教科では上・中・下すべての段階で、それぞれ最低を中学70点、高校60点とれる指導をしなくてはならない。

45　桐蔭（とういん）の定期試験は年４回行われる。２期制なので、中間・期末の試験が前期・後期にそれぞれ２回ある。このテストで中学で70点、高校で60点以下の生徒については、それぞれの教科で、その点がとれるまで指導するのである。

46　指導責任制で、怠けた生徒がいるのは怠けさせた教師がいけないということになる。こうした指導をするため、落ちこぼれは出ない。落ちこぼれさせない努力を教師・生徒双方がするからである。

47　中学70点、高校60点としたのは、かつての共通１次、いまの大学入試センター・テストの得点結果による。共通１次も大学入試センター・テストも大学入試のために高校卒業の学力を確認するテストである。全国の現役高校生の約30％が受験する。桐蔭（とういん）では、初めから一部私学を受験する者を除いて、大体全員がこのテストを受ける。このテストの全国平均が60点、桐蔭（とういん）の平均は例年それを十余点上まわる。60点では桐蔭生（とういん）が行きたいという大学には入れない。70点からということになる。

48　教師がふだん教えている教科のテストをして、それ以下では、その授業が実力につながる成果を生んだとは言えない。そういう考え方から、中学70点、高校60点という得点を設定した。

49　なお、そういう考えから、平均が50点以下ということになると、授業成果があがらなかったという考え方から、その教科は試験を全員やり直して、クリアしないと成績会議に成績を報告する資格がなくなる。

50　これを実施するにあたっては、教師は試験前に、配点、模範解答を教務に届けておく。試験終了後、これを公表する。配点や、解答を操作して、結果だけ規定に合わせるのを防ぐためである。

51　毎回数人の教師によるやり直しが行われている。授業内容と試験問題とのつながりがうまく行かないことがあるからである。ごまかしをすることなく、授業の

成果を実力につなげて行くこのやり方は、能力別教育と併せて、桐蔭（とういん）教育の二つの柱である。この柱をキチンと実践することは桐蔭（とういん）教師の義務であるが、教師にとっては大変な苦労を要することである。その苦労が生徒の実力となってあらわれてくる。他校ではできないやり方である。

●到達度試験と実力試験

ここで、桐蔭（とういん）で行われているさまざまな試験をまとめて見ておこう。桐蔭（とういん）の考査は、大別して3種類ある。

①定期考査——どこの学校でも実施されるのが定期考査だが、桐蔭（とういん）は2期制をとっているため、5月下旬、9月上旬、12月下旬、3月上旬の4回行われる。それぞれの期での授業内容の理解・定着を確認するためのものである。毎回の授業で行われる小テスト［中略］の積み重ねを背景にした、大半が到達度方式の考査である。その結果を材料に行われる成績会議は二段構えで、一つは各部の全教員が参集し、校長である私が主催する全体成績会議。そこで報告される内容に対しては、私が指示・要請を出し、それを受けるかたちで、次に各学年単位で学年成績会議が行われ、より詳細で具体的な検討が行われるのである。また、問題点の性格によっては、教科の担当者が毎週実施している教科会で検討される。

②校内実力テスト——これは6月と10月の2回行われる。その実施にあたって、基本的な考え方は、授業を通して理解・定着したことがらや内容が運用できるかどうかを確認するもので、どこまでも授業の延長上に位置づけられるテストである。そこで、学年の初めにあたり、前もって「校内実力テスト年間予定表」を生徒に配付し、出題範囲や項目を詳細・具体的に示し、年間を通しての学習の指針や手がかりを一眺めできるようになっている。したがって、一般のいわゆる実力テスト——実力で受け、実力を計測するテストとは異なり、実力をつけるために具体的かつ継続的な準備をさせ、実力を向上させることを目標としたテストであると言えよう。標準解答は考査終了直後に生徒に配り、後日あらためて設問別・ジャンル別の正答通過率を添えた講評を配付、自己批判や確認ができるようにケアを施している。

③統一到達度試験——先にも少し触れたが、統一到達度試験は生徒それぞれが受講する全科目について、学年共通で行われる試験である。理科・公民・地歴は12月に、英語・数学・国語は2月に実施される。出題の範囲は、年間の学習範囲すべてをカバーし、その中から、基礎の中の基礎の範疇（はんちゅう）に入る事項を精選、確認するためのものである。つまり、年間の学習内容を生徒に通覧のうえ確認させ、反省をさせつつ次年度に備えさせるものである。

●夏期研修中の課題と確認テスト

こうした主要な3種類の試験からわかっていただけると思うが、そのすべての試験が、日常の授業の延長上にあり、その時々の授業内容の定着・到達の確認が趣旨になっているのである。

同様の趣旨に基づいて、夏期研修後には課題確認テストも行われている。通常の授業が行われない夏期研修中（他校の「夏休み」のこと）には、一般に行われているような、おざなりの宿題を生徒に課すのではなく、各教科とも継続的な自習ができるような課題を出している。その課題の定着・到達の確認のための試験が課題確認テストで、8月31日の全校登校日に行っている。この試験によって、生徒は夏の間にだれることなく、積極的に課題に取り組めるし、教師にとっても、課題の未提出をいつまでも追い続けるというむだも省ける。前期期末試験の「プレ・テスト」としての役割も果たしている。

この課題確認テストでも、即日、模範解答が配付される。そして、翌9月1日には、生徒たちにコンピューター処理した得点を公表する。生徒はその結果を見て、期末試験にどのように対応したらいいか工夫する。一方、教員側は、生徒の学習の定着度を見て、定期考査の難易度・出題傾向を検討し、問題作成に入るというメリットもある。

たとえば、平成10年の高1の英語では、多岐にわたるレッスンを上・中・下の3グループに分け、課題を出した。教材として、①語法・文法演習のプリント（復習が主体）、②時事的なトピックをまじえた副読本。もちろん、各グループとも学力レベルに見合った別々の教材である。これに対する課題確認テストは、該当のレッスンを担当している教員間で協力、作成にあたった。

いずれにせよ、この課題確認テストは、生徒・教師ともに夏期研修中の学習の度合いを「確認」するものになっているのである。

（鵜川昇『崩れはじめた日本の教育を考える──桐蔭学園の実践から』深夜叢書社、1999年）

[資料] 2—B 「習熟度別指導」は有効か

　そもそも学校は、階級や階層や人種や性の格差を克服し平等な社会を実現することを社会的使命としていますが、もう一面で、差別と選別によって階級や階層や人種や性の格差を再生産する機能を担わされています。この差別と選別は、能力や進路に応じて学習コースを振り分けるトラッキングにおいてもっとも顕著に機能しています。「習熟度（能力）別指導」は、トラッキングの一つの方式です。［中略］

　学力テストの得点に応じてグループやクラスを編成する方式です。厳密に言えば、学業達成の到達度に応じてグループやクラスを編成する「習熟度別指導」と知能テストで測定した能力のレベルに応じてグループやクラスを編成する「能力別指導」は区別されるべきでしょうが、知能テストによってグループやクラスを編成する事例は稀であり、学力テストの結果に即してグループ分けを行ったものを「ability grouping」と呼んでいます。［中略］

● 「習熟度別指導」の効果

　「ability grouping」［中略］と呼ばれる「習熟度（能力）別指導」は、教育的に有効なのでしょうか。「習熟度（能力）別指導」の有効性については、アメリカを中心に1970年代から80年代にかけて膨大な数の調査と研究が行われています。その調査結果を検証する限り、「習熟度（能力）別指導」の有効性は疑わしいものです。「習熟度（能力）別指導」の有効性を実証する調査研究は一部に限られ、大部分は「習熟度（能力）別指導」の無効性と危険性を実証する結果を示しています。「習熟度（能力）別指導」は、教育的には否定的な効果をもたらすというのが、これまでの調査研究の総括的な結論です。まず、アメリカにおける「習熟度（能力）別指導」の調査研究を総括し、その有効性について検討しておきましょう。

　「習熟度（能力）別指導」に関する研究者、カリフォルニア大学のジェニー・オークス（Jeannie Oakes）は、「習熟度（能力）別指導」に対する期待を概括し、その教育効果を検証しています。オークスの『トラックを守る──学校は不平等をどう構造化しているか』（*Keeping Tracks : How schools Structure Inequality*, Yale University Press, 1985）とその後の彼女の論稿を中心に紹介しつつ、「習熟度（能力）別指導」の調査研究の概要を検討しておきましょう。オークスの一連の研究は「習

熟度（能力）別指導」の効果を実証的に調査した信頼される研究であり、彼女の著書は「教師の必読書」として高く評価されています。

①「習熟度（能力）別指導」は生徒の学力向上に有効か？

オークスは、小学校における「習熟度（能力）別指導」のグループ（クラス）編成によって学力が向上したという事例は存在しないと述べています。ただし、オークスは一部の研究に限られていますが、複式学級や無学年制の学級における柔軟性のある「進度別指導」によって平均点が上昇した事例はあると指摘しています。

中学校の「習熟度（能力）別指導」でも、「上位」「中位」「下位」のどのグループにおいても、混成のクラス編成より学力が向上した調査結果はないと述べています。

ただし、オークスの結論に異論を提出する研究者もいます。そのほとんどは中学校の「上位」グループにおける効果を主張する調査結果であり、「中位」グループや「下位」グループにおける学力向上の効果を主張するものは稀です。しかも「上位」グループにおける有効性を主張する調査結果の大半は「英才教育」のプログラムの評価であり、英才教育の推進者による調査研究の結果です。

オークスの結論とそれに異論を唱える人々の結論とは対立しているようですが、矛盾していません。オークスは「上位」グループにおける効果を示す調査研究が存在することを否定していないからです。ただし、オークスは「上位」グループにおける効果は、同程度の能力の生徒を集めたことによるのではなく、勉学のモチベーションの高さや宿題の多さなどの複合的原因による効果であると述べています。

これらの結論を総合すると、「習熟度（能力）別」のクラス編成による教育は、一般の予想を裏切り、生徒の学力向上に有益ではないことがわかります。特に「下位」グループの生徒にとって「習熟度（能力）別指導」は危険です。

②仲間関係と学習態度に効果はあるのか？

オークスは、「上位」「中位」「下位」のグループ内の人間関係と学習態度についても調査しています。「習熟度（能力）別指導」は仲間関係と学習態度に影響を与えますが、中学生の場合、「上位」グループは学業に熱心になる一方、「下位」グループでは生徒が孤立し疎外される傾向を示したといいます。「上位」グループの生徒は、学力に対してだけでなくすべてに自信を持っているといいます。しかし、それが「習熟度（能力）別指導」の効果なのかどうかについては不明瞭であると指摘されています。

なお、「習熟度（能力）別指導」によって「下位」グループの生徒たちが積極的に学習に参加できる効果を期待する教師は多いのですが、オークスは、「下位」の生徒が、混成のクラスと比べて「習熟度（能力）別」クラスのほうが積極的に学習に参加するという結果は認められないと述べています。「下位」にレベルを合わせた内容だから、あるいは、まわりもみんな「下位」の生徒たちだから安心して学びに積極的に参加するというのは教師の偏見のようです。

③学力格差は縮まるのか？

「習熟度（能力）別指導」によって生徒間の学力格差を縮めることは可能なのでしょうか。オークスは、どの調査結果も「習熟度（能力）別指導」によって学力格差はいっそう拡大する結果を示していると言います。これは常識的に考えても当然でしょう。

オークスの研究で重要なことは、「習熟度（能力）別指導」による学力格差の拡大が「能力」の差異によって生じているのではなく、「上位」「中位」「下位」の各グループの教育内容と学びの質の差異によって生じていることを明らかにしている点にあります。「上位」のグループの授業では「科学的な推論と論理」「研究の方法」「批判的思考」「分析と解釈と評価」「創造的思考」「自分の考えの確信」

一斉授業は習熟度別より上回る（算数）

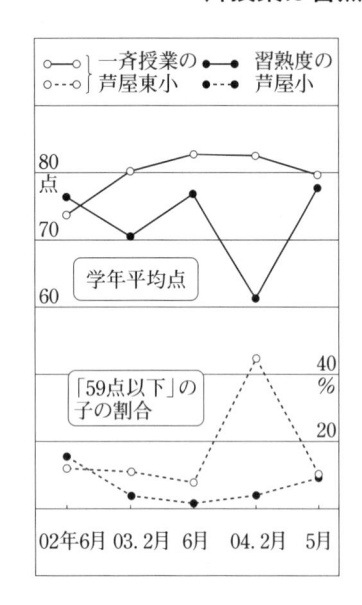

同じ学年（03年度の5年生＝02年度時は4年生）で比較。6月テストは全国（標研式CDT検査）、2月テストは町独自テストを使用した。福岡県芦屋町教育委員会調べ。

02年6月、03年6月、04年5月に行われたCDT検査（到達度評価型の観点別学力診断検査）の結果を比べると、03年6月と04年5月は一斉授業（算数）の学年平均点が習熟度別のそれを上回る。

また、「59点以下」の子の割合は、03年6月では一斉授業の方が大きいが、04年5月では、ほぼ同じ割合になる。

（「習熟度に勝った一斉授業」『アエラ』朝日新聞社、2004年7月5日に基づく）

「多様な意見の交流」「問題解決的思考」「資料や経験の活用」など、教育内容の理解を深める高度の豊かな学びが経験されているのに対して、「下位」のグループの授業では「学習の規律」「自尊感情」「基礎技能の訓練」「学習態度の訓練」「学習習慣の形成」など、生徒の態度や習慣の形成に重点が置かれ、教育内容としては低いレベルの基礎技能の習熟に限定されていると、オークスは報告しています。「上位」グループの学びの経験と「下位」グループの学びの経験は、その内容のレベルだけでなく、その性格においても決定的とも言える差異が生じています。

18　さらに、オークスは「上位」グループと「下位」グループの授業における「学習機会」や「学習環境」も比較し、「生徒の問いへの応答の時間」「学習活動の時間」「宿題の時間」などのいずれの項目においても、「上位」グループのほうが優れた教育を実施していると指摘しています。

19　**④学校全体の学力向上にとって有効な方法か？**

20　オークスの綿密な調査研究は、「習熟度（能力）別指導」が「上位」グループの一部の生徒にのみ有効に機能することを示しています。「上位」の多くの生徒と「中位」の生徒にとって無益であり「下位」の生徒にとって有害な「習熟度（能力）別指導」が、学校全体の学力向上にとって無益であることは、もはや言うまでもないでしょう。「習熟度（能力）別指導」は「中位」「下位」グループの学びを低次元に押し留め、生徒間の学力格差を拡大して学校全体の学力を抑制してしまうというのが、オークスをはじめとする一連の調査研究の結論です。

21　## ●差別教育としての「習熟度（能力）別指導」

22　オークスの調査研究はもう一つ重大な指摘を行っています。「習熟度（能力）別指導」が、人種差別の手段として活用され、人種差別を助長する機能をはたしていることです。「習熟度（能力）別指導」は、人種が混在した学校において頻繁に導入されていますし、それらの学校では「上位」グループに白人中産階級、「中位」グループに白人労働者階級、そして「下位」グループに黒人やヒスパニックが集まる傾向が顕著に見られます。この事実は「習熟度（能力）別指導」が差別の手段として活用され、差別を促進する機能をはたしていることを示しています。「あの子たちとは一緒に学びたくない」という排除と差別の思想が「習熟度（能力）別指導」の根幹にあることは明瞭です。

23　「習熟度（能力）別指導」を含むトラッキングが、排除と差別の機能をはたすことは欧米の教育においては常識となっています。だからこそ、1960年代から70年代にかけて、イギリスを始めとする欧米諸国はトラッキングの廃止を中心課題とする教育改革を推進したのです。

トラッキングとストリーミングを廃止しコンプレヘンシブ・スクール（総合制中等学校）に一元化される前のイギリスでは、中等学校は11歳児選抜試験（eleven plus test）によってグラマー・スクール、テクニカル・スクール、モダン・スクールの三つに分けられていましたし、小学校では「能力別指導」のストリーミングが導入されていました。イギリスだけではありません。ほとんどのヨーロッパの国々が同様のシステムをとっていました。このトラッキングによる三分岐システムは、上流・中流階級によるエリート教育の独占と階級差別の固定化によるものでした。30年以上にわたって展開されているヨーロッパ諸国における三分岐システムを廃止し中等教育を総合化する改革の経験は、トラッキングの本質が人種と階級と階層の差別を組織化する政治的問題であることを示しています。

●なぜ、普及するのか

　［中略］これほど「習熟度（能力）別指導」の無効性と危険性が明白であるにもかかわらず、なぜ「習熟度（能力）別指導」は普及しているのでしょうか。アメリカにおいても「習熟度（能力）別指導」は激減したとは言え、小学校の読み方における小グループ指導やハイスクールにおける数学などの選択科目において「習熟度（能力）別指導」は、現在も根強く残っています。そして、日本を含むアジア諸国では、近年「習熟度（能力）別指導」が急激に普及するという時代錯誤の現象が起こっています。その背景に人種差別、階級と階層の差別という政治的問題が潜んでいることはすでに指摘しました。しかし、「習熟度（能力）別指導」の普及の要因を政治的問題に解消することはできません。いったい、なぜ「習熟度（能力）別指導」は容易に普及し学校に根をはってしまうのでしょうか。

　その要因の一つは、子どもや親そして教師の多くが抱いている素朴な観念にあると思います。その素朴な観念とは、習熟度や能力の異なった集団で授業を受けるよりも、できる子はできる子同士で授業を受け、できない子はできない子同士で授業を受けたほうが教育の効果があがるという考え方であり、できる子は高いレベルの内容、できない子は低いレベルの内容で教えたほうが教育的に効果があるという考え方です。

　この素朴な観念がいかに多くの間違いを含んでいるかは、オークスの研究をはじめ、これまでの膨大な調査研究の結果が示しているとおりです。しかし、それにもかかわらず、この素朴な観念は簡単に揺らぐことはないでしょう。この素朴な観念は、わかりきったことを教えられ退屈してしまった「できる子」としての体験、あるいは、難解な内容を教えられ理解できなかった「できない子」としての体験という個々人の被教育体験にもとづく実感によって形成されてきたものだからです。

29　この素朴な実感の前提を問い直す必要があります。一つは、この素朴な実感は、いずれも画一的な一斉授業を前提としていることです。確かに、画一的な一斉授業を想定する限り、「習熟度（能力）別指導」は一定の妥当性を持っているように思われます。しかし、教師が教卓に立って黒板と教科書を使って説明し、生徒がノートに筆記して試験に備えるという伝統的な授業のスタイルは、今や欧米諸国では博物館に入っています。現代の教室は、テーブルで構成された小グループの協同学習を基本としており、プロジェクト単元による集約的な学びが展開されています。しかも、いかに多くの知識や技能を習得するかという学びの「量」よりも、いかに豊かに深く経験するかという学びの「質」が価値を持つように変化しています。今日の「習熟度（能力）別指導」の是非を問うには、21世紀型の学びに即して、その功罪が検討されなければなりません。

30　次に、上記の素朴な観念における学びは、計算技能や漢字の習得など、低いレベルの学びが想定されています。確かに自動車学校のように所定の技能が段階的に配列された課程であれば、「習熟度（能力）別指導」の有効性は明らかです。しかし、学校カリキュラムにおいて計算技能や漢字などの基礎技能の領域はほんの一部でしかありません。「習熟度（能力）別指導」に適応する教育内容は、カリキュラムの一部と言ってよいでしょう。

31　さらに、どのクラスにも数人の優秀な生徒が存在し、どのクラスにも数人の学習に困難を抱えている生徒が存在しています。この上位と下位の数人の生徒の存在、特に学習に困難を抱えている生徒の存在が「習熟度（能力）別指導」を導入する主たる動機の一つになっています。これら数人の生徒を放置しておくのは問題ですが、しかし、これら数人の生徒のために、すべての生徒を「習熟度（能力）別指導」に組織するのは乱暴極まりない措置です。特別に優秀な生徒や特別に困難を抱えている生徒に対しては、選択科目や部活動や授業外の指導で対応すべきだと思います。これまでの日本の学校のカリキュラムは、一人ひとりの必要に応えて授業外に英才教育や補習教育を行う柔軟性を欠いていました。

●競争か協力か

33　「習熟度（能力）別指導」に代替する学びの様式は、一斉授業による学びではありません。一人ひとりの多様性が交流される「協同的な学び（collaborative learning）」です。「習熟度（能力）別指導」を批判する研究は、いずれも「協同的な学び」あるいは「協力的な学び（cooperative learning）」を提唱しています。「協同的な学び」あるいは「協力的な学び」は、個人主義の競争を排除し、多様な能力や個性をもった子どもたちが共存・共生してお互いの差異を交流して学び合う「互恵的な学び（reciprocal learning）」を準備しています。

「競争か協力か」という問いは、長年、教育にとって論争問題の一つでした。ほとんどの人は「競争」による動機づけをなくしてしまうと、学びの意欲は低下し学びの生産性は損なわれてしまうと考えています。一般の人がそう考えているだけでなく、教師の多くも、あるいは教育学者と教育心理学者の多くも「競争」は学びの動機づけとして決定的であると想定してきました。「競争」を学びの推進力とみる考え方は学校教育の隅々に浸透しています。受験競争はその典型ですが、学期ごとの中間テストと期末テストによる評価、あるいは日々の授業に見られる「発言競争」なども競争文化の一つの表れと言ってよいでしょう。

しかし、実証的な調査研究はいずれも、個人主義的な「競争」が学びを促進するという一般の通念を覆す結果を示しています。その代表的研究は、1981年に公表された社会心理学者のデビッド・ジョンソンとロジャー・ジョンソンによる「競争か協力か」をテーマとする調査研究のメタ分析（先行する調査研究の再検討）です。ジョンソンらは1924年から1980年までに実施された「競争か協力か」をテーマとする122の調査研究のメタ分析を行っています。その結果、「協力的な学び」が「競争的な学び」よりも高い学力を達成したという研究が65件、反対の結果を示す研究が8件、両者が統計上の有意な差異を生み出していないという研究が36件でした。「競争」に対する「協力」の優位性は明らかです。さらに、ジョンソンらは「個人学習」と「協力的な学び」の比較も行っています。その結果、前掲の122件のうち「協力的な学び」が「個人学習」よりも高い学力をもたらすという研究が108件、その反対が6件、両者の間に違いはないという研究が42件でした。「協力的な学び」の優位性は明瞭です。すべての実験場面で、またすべての年齢集団で「協力的な学び」は「個人学習」よりも高い達成を示していました。

「競争よりも協力が生産性を高める」という結論は、社会心理学の創始者の一人であり、集団の民主化の過程を研究したクルト・レヴィンが洞察していた事柄であり、レヴィンの弟子のモートン・ドイッチェが1948年に大学生を対象に行った実験によって証明していた事柄でした。ジョンソンらはドイッチェの薫陶を受けた研究者たちでした。

ドイッチェやジョンソンらにとって「競争よりも協力が生産性を高める」という調査結果は、おそらく予想通りの結果であったでしょうが、「競争」と「協力」の生産性に対する効果を比較した多くの研究者は、自らの調査や実験の結果に一様に驚いています。それだけ、アメリカの個人主義の競争社会では「競争」に対する神話が強く人々の心を支配していると言ってよいでしょう。

しかし、研究者の反応はともあれ、「競争」と「協力」の効果を比較した実証的研究は、その大半が「競争」に対する「協力」の優位性を証明しています。ジョンソンらは、個人間の「競争」を「協力」と比較しただけでなく、「協力的な

学び」を推進する集団間に「競争」がある場合とない場合も比較しています。その結果も集団間に「競争」のない「協力的な学び」のほうが、集団間に「競争」がある「協力的な学び」よりも高い達成を示すことを実証しています。個人間であれ集団間であれ、「競争」は学びの生産性と達成に否定的影響しかもたらさないことが実証されたのです。［中略］

39 　ジョンソンらの調査研究は、教室の学びにおいて「競争」よりも「協力」の効果が絶大であることを証明しただけではありません。「協力的な学び」の恩恵が、「下位」の生徒や「中位」の生徒だけでなく「上位」の生徒に及んでいることも示しています。これも一般の常識とは大きく異なっています。一般に多様な能力の子どもたちが「協力的な学び」を展開すると、「下位」や「中位」の子どもはメリットを受けるけれど、「上位」の子どもは「下位」や「中位」の子へのサービスを提供しても、自らが恩恵に浴するとは考えられてこなかったからです。「協力的な学び」の恩恵は、上位者の犠牲の上に成り立つと考えられてきましたが、その常識は誤りであることをジョンソンらの研究は示したのです。［中略］

40 ●個人主義の克服

41 　結局、「習熟度（能力）別指導」が失敗してしまうのは、①教育内容を易しいものから難しいものへと段階的に配列し、②子どもを「習熟度（能力）」で低いものから高いものへと直線的に配列し、この二つをグルーピングによって結びつけたことにありました。このやり方では、授業のスタイルも学びのスタイルも変化していません。しかし、多様な能力や個性に応じる教育は、まず授業と学びのスタイルを変えることを課題とすべきではないでしょうか。

42 　欧米諸国においては「トラッキング」や「ストリーミング」による「習熟度（能力）別指導」は姿を消しつつありますが、それに替わって「協同学習（collaborative learning）」（あるいは「協力学習（cooperative learning）」）が普及し、めざましい成果をあげています。欧米の学校では、もはや一つひとつの机が黒板と教卓に向かって整然と並べられた教室はほぼ消滅していると言ってよいでしょう。学びの協同と協力を促進するために、教室はいくつかのテーブルで構成され、4－5人ずつが学び合う教室へと変貌しています。実際、「協力学習」の提唱とその効果の調査を積み重ねてきたジョンズ・ホプキンス大学のロバート・スレィヴィンの調査研究によれば、子どもの能力や到達度の多様性に対応して学力を向上させる方法として「協力学習」以上に効果的な方法はないと断言されています。ただし、スレィヴィンはどんな教師でも実践できるように「協力学習」を細かくマニュアル化する傾向があります（Slavin, Robert., *Cooperative Learning.* Allyn and Bacon, 1990, 1995）。

「協同学習」は、もともと今世紀初頭の新教育運動において成立し普及した学びのスタイルです。「協同学習」のもっとも古い写真は、1896年にデューイがシカゴ大学に創設した実験学校の学びの様子を記録した写真です。当時、アメリカの一般の学校の机と椅子はボルトで固定され、教師は教科書と黒板とチョークと鞭をもって教壇に立ち、子どもは3人がけの長細い机にばらばらに座って学んでいました。デューイを始め新教育の改革者たちは、机と椅子のボルトをはずし、子どもたちが協力し協同して学び合う教室への改革を推進したのです。その後、「協同学習」は新教育の浸透と併行して緩やかに普及しますが、この20年間、先進諸国のほとんどの教室に普及するにいたっています。

　いったい、なぜ「協同学習」が、先進諸国においてこれほど普及したのでしょうか。その理由は、いくつか考えられます。その最大の要因は、先にも述べましたが、産業主義の時代からポスト産業主義の時代へと移行して、学校に求められる学力が変化したことです。

　産業主義の社会は、一部のエリートと大多数の単純労働者というピラミッド構造で労働市場が形成されます。そして、そこで求められるのは「効率性」であり「効率性」をめぐる競争です。しかし、ポスト産業主義の社会は、知識が高度化し複合化し流動化する社会です。単純労働は激減し、労働市場は上部が肥大した逆ピラミッド型へと移行します。学校教育において求められるのは「高度の複合的な知識」であり「創造的思考や問題解決能力やコミュニケーション能力」であり「多様な人々と共生する個性」であり「生涯にわたって学び続ける能力」です。知識と学びの「量」から「質」への転換が起こっているのです。

　OECDのPISA調査の結果において、第1位のフィンランドと第2位のカナダと第4位のオーストラリアに共通の特徴があります。これらの国々は人口密度が少ないため、複式学級の教室が多いのが特徴です。カリフォルニア州のトラッキング（能力別指導）の有効性を調査したオークスの研究においても、「複式学級」か「無学年制」を採用していた教室が効果的という逆説的な結果が報告されていました。これらの現象は多様な能力や習熟度の子どもたちが共に学ぶ「協同学習」の有効性を実証しています。「複式学級」において子どもは、半分の教育内容を二度学ぶことになります。つまり「複式学級」は学びの「量」や「効率性」においては劣っているのですが、学びの「質」や「発展性」において優れています。さらに「複式学級」では、当然のことながら能力と習熟度に大きな差異を生じます。この差異が、「協同学習」というスタイルを媒介として一人ひとりの学びを刺激し豊かにしているのです。

　一斉授業や個人学習において教室における能力や習熟度の差異は一人ひとりの学びにおいて障碍となります。しかし、「協同学習」において、能力や習熟度の

差異は学びの契機と発展の基礎となるのです。「習熟度（能力）別指導」の失敗の要因は、「効率性」と「競争」に呪縛されて学びを個人主義の枠に閉じ込め、「協同」と「協力」による学びの契機と発展の可能性を見失ったところにあるのです。

(佐藤学『習熟度別指導の何が問題か』岩波ブックレット No.612、2004年)

テーマ3
翻　訳

J.D.Salinger, *The Catcher in the Rye* **とその日本語訳**

[資料] **1** 村上春樹さん『キャッチャー・イン・ザ・ライ』の題は訳さないのですか?

　30年ぶりの新訳で話題となった『ライ麦畑でつかまえて』。村上春樹氏のなめらかな訳文が原作を若返らせた成果は認めつつも、腑に落ちないのはその題名だ。小説に限らず、映画もCDもカタカナばかりが氾濫している文化的状況。このままで日本語の「翻訳力」は大丈夫か。

　大学の授業で映画の話をしていてちょっとしたショックを覚えた。ヒッチコック監督『鳥』に言及したとき、期せずしてくすくす笑いが起こったのである。聞いてみると、『鳥』というタイトルがおかしいのだという。奇妙な話ではないか。"The Birds"が鳥がなぜ悪いのだろう。しかし何しろ、いまや映画館にかかる作品の88パーセントまでがカタカナ題名（「eとらんす」6月号、高橋昭男氏の文章を参照）という状況があるのだから、学生たちの反応も無理からぬものかもしれない。『トゥー・ウィークス・ノーティス』だの『マイ・ビッグ・ファット・ウェディング』だの、その「意味」などはどうでもいい。自分に訳すこともできない題名の映画を観ることに居心地の悪さを感じる者は誰もいないのだし、そもそも訳したりしたらかえってかっこ悪いという意識が、広く共有されているのだろう。

　身の回りにカタカナ語がむやみやたらに増えてきた。そう実感しないわけにはいかなくなってから久しい。かつては中国・朝鮮に、そして明治以来はひたすら西洋に学んできたこの島国である。外来の言葉によって国語がおおきく揺すぶられ続けることは宿命であり、またそこにこそこの国の誇るに足る活力の源があった。「翻訳文化」とはけっして「自虐的」な呼称ではなく、むしろ異文化に開かれた謙虚さと、学ぶ力の旺盛さのあかしなのではないか。そんなふうにぼくは──一介の外国語教師として、さらにはまた翻訳を手がける人間として──考えてきた。

　ところが、わが国の言葉や文化の成り立ちそのものとわかちがたく結びついた翻訳という営みが、いま著しく弱体化しているのではないか。翻訳文化を支えていた活力──「翻訳力」とでも呼ぼうか──が、じりじりと減退しつつある。それとひきかえに訪れたのが、われわれの身の回りをカタカナ語が幾重にも取り巻くという事態であると思えるのだ。

　もちろん、カタカナまじりの喋り方を誇示する人間が明治の頃からいくらでも

いたことは、坪内逍遙『当世書生気質』を開いてみればわかるとおりだし、そういう文章を書いて得意になる人間にも昔から事欠かなかった。だが現在のカタカナ語氾濫は、もはやそうした教養や趣味のひけらかしとはまったく異なる深刻な段階に達している。肝心な語をなぜか平然とカタカナ表記の英語にゆずりわたしてしまう。いや、肝心な語だからこそ、それを日本語で言い表すのが恥ずかしい。それを日本語に訳すのがとんだ粗忽な振る舞いであるかのように思われてためらわれる。そんな不思議な翻訳回避の姿勢が、すっかり人々のあいだに浸透してしまったらしい。

06　肝心な語とは、映画タイトルやCDの表題といった、要するにいちばん人目に触れるはずの単語のことだ。振り返ってみると、80年代後半、バブルのころから、『リーサル・ウェポン』、『ダンス・ウィズ・ウルブズ』式のやり方が主流になってきたのではないか。訳さないのがあたりまえ。「邦題不在」を是とする感性がいつのまにか世の中を支配してしまったのだ。

07　●『ライ麦畑』をつかまえろ

08　翻訳文芸書で今年最大の話題作は早々に決定した。言うまでもなく村上春樹氏によるサリンジャーの新訳だ（白水社）。なるほどページを開いて読んでみれば、実になめらかでスムーズな訳文の完成度はずば抜けて高いこと間違いなく、原作を一気に若返らせた偉業と言えるだろう――ただしもちろん、原作の売り物だった「今風の」若者言葉の語り口自体、現在のアメリカ人読者にとってかなり古びてしまったはずなのに（筆者の知己であるアメリカ人の文学研究者によればそう

明治時代の「翻訳力」

原　　　語	『哲学字彙』の翻訳語	現在定着している外来語
Error	差錯・過失・謬誤	エラー
Ethics	倫理学	
Equality	平等	
Individual	自立　各自	
Philosophy	哲学	フィロソフィー
Religion	宗教	
Science	理学・科学	サイエンス
System	体系	システム

（井上哲次郎他『哲学字彙』名著普及会、1882年より作成）

であるという)、それを若返らせたならば原作への「忠実さ」を裏切ることになるのではないかという疑問は残る。それはともかく、ここでも肝心のタイトルがなぜか訳されていないことを、残念に思わずにはいられない。『キャッチャー・イン・ザ・ライ』——やれやれ、と呟きたくなる。『ライ麦畑でつかまえて』という故・野崎孝氏訳の邦題のすばらしさが改めて思われる。原題はアメリカ人読者にとっても、そもそも奇妙な響きをもつ不透明なタイトルだった(と同じくわがアメリカの友人は言う)。それを単にカタカナで転記して、いったい何を伝えようというのか。原題の最初の「ザ」が抜けているという語学的不正確さとともに、浮き彫りになるのは「翻訳回避」の姿勢のみではないか。「そのままカタカナ方式」が歓迎される世相へのもたれかかりが気になってしまう。むろんそんなことを気にする読者はほとんどいないのだろうが、唯一、ロシア文学者・沼野充義氏の発言に救われた(『文學界』6月号、「毎日新聞」5月4日付)。題も訳してほしかった、ロシア語だったらこんなやり方はとても無理だからと沼野氏は苦笑するのである。

　そうなのだ。要するに「丸投げ方式」が通用するのはもっぱら、英語が対象の場合のみなのである。ロシア文学やフランス文学では到底無理。鹿島茂氏は愛するバルザックの傑作をいまの読者に何とか手に取らせようとして、『ゴリオ爺さん』の新訳を『ペール・ゴリオ』(藤原書店)とフランス語そのままの題で出した。だがいっそのこと『ファーザー・ゴリオ』とか『ゴリオ・パパ』とした方が手っ取り早かった。フランスもので言えば『異邦人』が『ストレンジャー』、『星の王子さま』が『リトル・プリンス』に変身する日だって近いのかもしれない。

　影響力甚大なる村上氏だからこそ、『ライ麦畑でつかまえて』にかわる邦題をつかまえてみせてほしかった。そもそも翻訳という営みの根幹にあるのは、異国の言葉に自らの言葉を対置させ、名付け直す作業だったのではないのか？［中略］

●「プルーストって人間ですよね」

　［中略］「外国文学」の惨状が［中略］、カタカナ語氾濫時代の裏側に広がり出している。そこには翻訳を読む力の低下と、翻訳を通して異国の文化を発見しようという欲望の減退がありありと表れている。

　先般『ある人生の音楽』(水声社)というフランス小説の翻訳を深い感動とともに読んだ。訳者は星埜守之氏。わが旧友なのだが、現在のフランス文学翻訳者のなかで最高の仕事をしている一人ではないかと常々畏敬している。原作者はアンドレイ・マキーヌという、ロシアからフランスに亡命し、言葉もロシア語からフランス語に取り替えて小説を書いている人だ。フランスでは一般の読者からも広く支持されている人気作家である。

14　この翻訳書の書評がある新聞の読書欄に載っているのが目に留まった。一読、仰天した。いまどきこういう難しい本の読者が日本にいるかどうか疑問だ、という風なことが書いてある。そこまで読者を見くびっていいのかと思うが、しかしそれが正確な現状認識であるのかもしれない。ひたすら美しい小説なのに、少し

映画タイトルを振り返る

原題（初公開年）	邦題	リメイク版邦題（初公開年）
The Country Girl（1954）	喝采（かっさい）	
Love is a many-splendored thing（1955）	慕情（ぼじょう）	
Summertime（1955）	旅情	
Ocean's Eleven（1960）	オーシャンと11人の仲間	オーシャンズ11（2001）
The Apartment（1960）	アパートのカギ貸します	
Bonnie and Clyde（1967）	俺たちに明日はない	
The Thomas Crown Affair（1968）	華麗（かれい）なる賭（か）け	トーマス・クラウン・アフェアー（1999）
Butch Cassidy and The Sundance Kid（1969）	明日に向かって撃て！	
The Towering Inferno（1974）	タワーリング インフェルノ	
The Deer Hunter（1978）	ディア・ハンター	
An Officer and A Gentleman（1982）	愛と青春の旅立ち	
Gorillas in the Mist：the Adventures of Dian Fossey（1988）	愛は霧のかなたに	
Die Hard（1988）	ダイ・ハード	
White Palace（1990）	僕の美しい人だから	
The Sheltering Sky（1990）	シェルタリング・スカイ	
Dead Man Walking（1995）	デッドマン・ウォーキング	
Notting Hill（1999）	ノッティングヒルの恋人	
Matrix（2001）	マトリックス	
Matrix Reloaded（2003）	マトリックス・リローデッド	

も話題にはならずじまいのようだし。「外国文学」が窮状に追い込まれている。「文学」自体そうではないかという話はここでは置く。異国の文学と真剣に向かい合い、2カ国語のあいだを行き来する試練を経て翻訳を作り上げる。読者はその翻訳を読むことで、別の文学、異なる文化のあり方を体験する。それがさらには、日本語での新しい創造への刺激として働く。そういううるわしい相互作用の総体が、かつて「外国文学」という領域として存在したはずだ。たとえばフランス文学やロシア文学がそこで中核的な役割を演じた。もちろん、昔話にすぎない。授業中ドストエフスキーの名前が出てきて、東大の大学院生が「それ誰ですか」と質問したという話をわが同僚が活字にしていた。ぼく自身、プルーストという名前を口にして、「それって人間ですよね」と聞かれてしまった。人か物かをまずはっきりさせてほしいというわけだ。

　そんな質問をした学生をぼくはむしろ愛しく思う。堂々と質問するだけ立派である。学ぶことへの熱心さがあるのだから、彼が無教養な人間であるはずはない。問題なのは、彼とドストエフスキーやプルーストとのあいだに立ちふさがり、それらの名前が目に入らなくしてしまっている現代日本文化のあり方のほうなのだ。

　ぼく自身はなぜだかわからないが、翻訳の小説や詩を読みふけって育った。わざわざ外国の言葉から訳されたのだから、それだけのことはあるに違いないと信じて読む。するとなるほど手ごわくも強烈な世界がそこに広がっているではないか。その異質でしかも不思議にリアルな世界を知ることは間違いなく、強い喜びを与えてくれた。翻訳によって「日本」を超える文化と触れ合い、それを異国の人間と共有することができたという実感。そこにこそ「グローバル」と形容するに足る喜びがあったのだ。そんな喜びに浸ったことのない若者がどんどん増えていることが、気の毒で仕方がない。

　そこで翻訳論などという授業をやってみる。愛読した翻訳書はと聞けばほとんどの学生は『ハリー・ポッター』。それよりつらいのは、翻訳書は嫌いだから読まないと断定する人間が必ずいることだ。翻訳書の日本語は不自然で読みにくい、文学は翻訳して伝わるものだとは思わない等々と、立派な理由を掲げてくる。困ったことだ。それではロシア語をやらないかぎりドストエフスキーは読めないし、フランス語をやらないかぎりプルーストは読めないことになる。そしてフランス語をやったとしても、プルースト読解への道ははるか遼遠だ。しかも日本は、プルーストの立派な完訳が2種類も出ている世界でも稀な国なのだが。そしてまた、日本語として「不自然な」言葉を懸命に練り上げ、かつ咀嚼していくなかで育まれてきたのが「翻訳大国」日本の文化であり、言葉であったはずなのに……。

　外国語の教育は英語だけで十分、しかも子供のころから会話中心でやるべしという考えが、「反受験英語」イデオロギーに乗ってすっかり広まっている。これ

また、「翻訳力」衰退を加速させる要因となるに違いない。「使える」英語を求めての会話中心主義を盲信したなら、ある程度から上のレベルの英語表現の読み書きに到達することは困難であることは、すでに説得的に論じられている（気鋭の英語学者・斎藤兆史氏による『日本人のための英語』〈講談社〉などを参照されたい）。

19　そして会話に対し時代遅れとされる「訳読」こそは、他者を「理解」する上でつきまとう困難と、それに挑む姿勢を学ぶ上でもっとも重要なメソッドのはずだとぼくなどはいまだに信じている。しかし近い将来、「訳読」をむやみに断罪する偏見はいよいよ強まり、それが翻訳という営みへの無関心を加速させるのではないか。もちろんドストエフスキーもプルーストも、今よりもっと無名化していくということだ。アメリカの属州としてふるまいつつ、事実上の文化的「鎖国」へと日本は向かうのだろうか。世界に向かって自らを閉じつつある当のアメリカの姿勢をお手本とするかのようにして。いみじくもポール・オースターは、ここ15年アメリカでは他国の本の翻訳がろくになされていないと嘆いている（『朝日新聞』6月20日付夕刊）。［中略］

20　●翻訳とは文化的レジスタンスの営みである

21　「外国文学」コーナーが書店からみるみる縮小され失われていき、毎月の文庫新刊の広告を見れば、翻訳書はミステリー（そして映画化物）のみという状況を前にして、「外国文学者」や翻訳家たちの士気が上がろうはずもない。古典の翻訳は次々に入手不可能になり、同時代の（アメリカ以外の）文学が紹介される機会も減る一方だ。

22　だがしかし、それは逆に言えば、いまや翻訳には、閉塞へと向かうそんな強力

どちらがわかりやすい？

原　　　語	現在定着している外来語	国立国語研究所が提案する訳語
Identity	アイデンティティー	独自性・自己認識
Global	グローバル	地球規模
Case study	ケーススタディー	事例研究
Moratorium	モラトリアム	猶予
Simulation	シミュレーション	模擬実験
Borderless	ボーダーレス	無境界・脱境界

（国立国語研究所「第1回・第2回「外来語」言い換え提案」、http://www.kokken.go.jp/gairaigo/Teian1_4/iikaego.html より作成）

な流れに対する抵抗としての意義があるということではないか。そう考えれば（少々やけくそ気味ではあるが）いっそやりがいも出てこようというもの。現代において翻訳とは、それでもなおこの1冊を日本の読者に問うてみたいという気概に支えられたささやかな文化的レジスタンスの営みということになるだろう。そして結局のところ、原著に対するゆえ知れぬ愛着が、孤独な翻訳者を支えてくれるはずではないか。

(野崎歓「村上春樹さん『キャッチャー・イン・ザ・ライ』の題は訳さないのですか？」『論座』2003年8月号、朝日新聞社)

課題 資料1から資料2へ

まとめよう

[1] 筆者は「訳読」をどのように評価しているか。
[2] その理由は何であったか。
[3] 現代日本社会の風潮をどのように評価しているか。
[4] あなたはどう思うか。

課題

他者の原文・言語を自分のことばで表現するということはどのようなことなのか。下の二つの資料を手がかりに、自分の考えをまとめよ。

◆資料2A　正しい翻訳とは
◆資料2B　「菜の花」への眼差し──「外」から眺めた日本語について

> **資料2のキーワード**
>
> 　　　　翻訳　　直訳　　意訳　　翻案

資料2を読もう

[1] どちらかの資料を選択せよ。
[2] 選んだ資料から、次の点をすべて含めてまとめよ。
　1) 筆者が主張していること・伝えようとしていること
　2) 1)の論拠
　3) あなたの考え
[3] もう一歩先に進みたい人へ
　[2]の参考になる資料があったら、付け加えてまとめよ。

[資料] 2—A 正しい翻訳とは

●翻訳とは何か？

　翻訳のことを考える場合、まず翻訳とは何か、ということを考えなければいけないのだと言えば、驚く人がいるかもしれません。翻訳というのはただ原文を他の言語に直せばいいだけであって、それ以上、深く考える必要はないのだとも思えるからです。しかし、実は、英語の原文をフランス語に翻訳するといった、言語構造が極めて類似した言語間での翻訳と、英語から日本語へ、あるいは日本語から英語へといった、言語構造がかけ離れた翻訳とはずいぶん違うものだというのが、日本文学を英語で教えてきて、これまで強く感じた感想なのです。

　世界の常識は日本の非常識、日本の非常識は世界の常識と言いますが、そうした言い方には日本と世界という二分法が当然視されていて、まるで日本は世界に入っていないかのような響きがあるのは大変問題です。しかし、日本に通用している価値観が他の地域ではそのまま通用しないということを知るのは、やはりよいことと思います。[中略]

　もう一つ注意すべき点は翻訳の在り方の文化による違いです。前に翻訳における訳文尊重主義と原文尊重主義について述べたことがありましたが（大澤、1996、70-71）、どの翻訳もその二つの極の間のどこかに存在しています。原文を全く尊重しない翻訳もありえませんが、訳文の流麗さを無視して、原文に拘る翻訳も存在しません。それぞれの訳者は原文を尊重することと、自然で、洗練された訳文を作り上げることとをともに望んでいます。それにどのような折り合いを付けるかは、それぞれの翻訳が置かれた文化的脈絡によって違うのです。[中略]

　川端（かわばた）は読点だけで句をつないでいく、極めて長い文章を書いていますが、それは『雪国（ゆきぐに）』でよく見られる手法で、特に主人公、島村（しまむら）の心理を描いたところになると、よく見られる技法です。その長い文章を訳者サイデンステッカー氏は短い、いくつかの文章に分割しました。それは日本語テクストの印象とは異なる印象を英語読者に伝えることになるわけですが、その変更もサイデンステッカー氏の文章観と英語読者の翻訳テクストへの期待という点から説明出来るでしょう。[中略]

●ハードボイルド・村上春樹（はるき）

　今日、日本以外で多くの読者を得ている現代日本文学者と言えば、吉本（よしもと）ばなな

（1964年‐　）と村上春樹（1947年‐　）が双璧でしょうが、村上春樹の英語翻訳にもそうしたテクストの変更は認められます。『羊をめぐる冒険』を見てみましょう。日本語テクストの冒頭近くをまず引きます。

07　　僕はその日のうちに警察に電話をかけて彼女の実家の住所と電話番号を教えてもらい、それから実家に電話をかけて葬儀の日取りを聞いた。誰かが言っているように、手間さえ惜しまなければ大抵のことはわかるものなのだ。

08　　彼女の家は下町にあった。僕は東京都の区分地図を開き、彼女の家の番地に赤いボールペンでしるしをつけた。それはいかにも東京の下町的な町だった。地下鉄やら国電やら路線バスやらがバランスを失った蜘蛛の糸のように入り乱れ、重なりあい、何本かのどぶ川が流れ、ごてごてとした通りがメロンのしわみたいに地表にしがみついていた。（村上、1992、10）

09　　英訳はアルフレッド・バーンボーム（Alfred Birnbaum）により、1989年に講談社インターナショナルから刊行されました。その対応する部分はこうです。

10　　I called the police department to track down her family's address and telephone number, after which I gave them a call to get details of the funeral.

11　　Her family lived in an old quarter of Tokyo. I got out my map and marked the block in red. There were subway and train and bus lines everywhere, overlapping like some misshapen spiderweb, the whole area a maze of narrow streets and drainage canals. (Murakami 1990, 3)

12　　私は警察に電話をかけて、家族の住所と電話番号を突き止めた。その後でそこに電話をして、葬儀の詳細を知った。

13　　彼女の家族は東京の昔からの地区に住んでいた。私は自分の地図を取り出すと、その場所に赤いしるしを付けた。地下鉄や、電車や、バスが至るところ走っているところで、なにか不細工な蜘蛛の巣のように重なりあったところだった。そこら一帯は狭い通りとどぶ川が迷路のように入り組んでいた。

14　　英訳は訳全体として日本語テクストより、より口語的で、ハードボイルド風の感じを読者に与えることを狙っているように見えます。そのために、ここでは「誰かが言っているように、手間さえ惜しまなければ大抵のことはわかるものなのだ。」といったような、説明的な文章は落とされたのだろうと思います。また「それはいかにも東京の下町的な町だった。」という東京の下町を知らない人にとっては意味を持たない文章も削除されています。そして「メロンのしわみたいに」という日本人にとってはよくわかる比喩も落とされていますが、それは高価なマ

スクメロンが北米においては日本ほど売られていないがために、効果的な比喩となりえないという訳者の判断によるのでしょう。

そうしたテクストの変更は、その後に出された『世界の終りとハードボイルド・ワンダーランド』の英訳では、より明示的に表記され、そこでは裏扉に「アルフレッド・バーンボーム編訳」(Translated and Adapted by Alfred Birnbaum) と書かれることになります。そうしたテクストの変更は果たして翻訳として正しい姿なのだろうかという疑問が多くの日本人に湧くことでしょう。実際、青山南氏は『英語になったニッポン小説』の中で、村上春樹作品の英訳を検討し、村上春樹がテクストの変更を許していることを指摘した上で、最後に次のように言います。

村上春樹のなかでは、原著があって翻訳があるという考え方は、きっとないのだ。日本語版と英語版のふたつのヴァージョンがある、と認識しているのだ。

となると、村上春樹の本は、いまだまともに翻訳されていないということになる。(青山、1996、111)

しかし、重要なことは、村上春樹の作品が「まともに」翻訳されていないと言う時、「まともな翻訳」というのは一体どのようなものを指しているのかということでしょう。文化を超えて「これがまともな翻訳である」という共通認識がそもそも存在するのだろうか、ということをまず考える必要があります。日本文学作品のさまざまな英訳を見てみますと、そこにはもちろん個人差があって、サイデンステッカー氏の訳はモリス氏の訳に比べれば、日本語テクストから離れることはずっと少ないと言えます。しかし、それでもテクストを変えないわけではありません。とすると、翻訳の問題を比較文化的に考える時には、翻訳とは何かという基本的な問に答えを出すことから作業を始めなければならないということでしょう。日本文化における翻訳の概念を無批判に他の文化圏の翻訳に当てはめて、それらが「まともな」翻訳かどうかを判断することは、自分の基準でのみ相手の行為を評価することになります。それは自分の基準を絶対のものと考えているということにもなるでしょう。つまりそれは、複数の価値体系の存在を認め、相互の批判からより上位の認識に到達しようとする比較的な精神からは外れた態度になります。

● 直訳／意訳？

そのように翻訳概念に複数の基準があれば、直訳といい、意訳と言っても、なにが直訳で、なにが意訳であるかは文化によってずいぶん違うことになるのです。かつて二葉亭四迷 (1864-1909年) は、「余が翻訳の標準」(1906年) の中で自分の

ツルゲーネフ訳について、次のように言ったことがありました。

21　　されば、外国文を翻訳する場合に、意味ばかりを考えて、これに重きを置くと原文をこわす虞(おそれ)がある。須(すべか)らく原文の音調を呑み込んで、それを移すようにせねばならぬと、こう自分は信じたので、コンマ、ピリオドの一つをも濫(みだ)りに棄てず、原文にコンマが三つ、ピリオドが一つあれば、訳文にもまたピリオドが一つ、コンマが三つという風にして、原文の調子を移そうとした。（中村、1984、108．引用は新字、新かなに変更。）

22　　もちろん、こうした極端な原文尊重主義は原理的に成功しませんし（構造が違う言語間において完全な言語的一致などありえないからです）、二葉亭(ふたばてい)も、そうした形式主義的な態度は読みにくい翻訳を作る結果となるだけだったので、その欠陥に気付いた後はむしろ原文の伝えようとするところを伝えるやり方を取ろうとした、と同じ文章の中で述べています。しかしそれでも、二葉亭(ふたばてい)によれば、原文の形をほとんど無視して、内容中心の翻訳をすることはできなかったとのことです。こうした原文指向の考え方は、その後の日本の外国文学翻訳に大きな影響を与えたように思われます。ピリオド、コンマの数の一致にまでもこだわらなければならないとしたら、訳文における文章の入れ換え、段落の入れ換えなどは訳者に許されるはずもない蛮行ということになります。翻案から翻訳へと、翻訳概念が移行するにつれて、日本では次第に原文尊重主義が強くなりました。それは自分たちの文化とは違う、外の文化を伝える器としての翻訳という側面を強調することになり、日本人の異文化受容には役立ったでしょうが、同時に読みにくい、日本語表現としては生硬な表現を生み出すことにもなりました。他方、英米流の訳文尊重主義の翻訳は、英語表現としては洗練した表現を生み出すことになったでしょうが、他の文化を異質なものと捉える契機にはなりえませんでしたし、日本におけるように、言語表現において新しい表現を生み出す先駆者となることはなかったのです。そのどちらが決定的に良いとも言えません。重要なのは、そうした異なる翻訳概念の中で、一体いかなる翻訳が作られ、どのような影響を読者に与えたかを知ることです。そのためにもまず、多くの言語文化において、いかなる翻訳概念の基準があるのかを知ることが、広い視野をもった異文化理解の実現のためには、なによりも必要なのです。

23　　［参考文献］
　　（日本語）
　　青山南、1996年、『英語になったニッポン小説』集英社。

大澤吉博、1996年、「言語の間の漱石「夢十夜」第七夜——日本語・英語・韓国語テクストを比較して」、東京大学比較文学会編『比較文学研究』第68号。

川端康成、1965年、第1刷1947年、『雪国』新潮社、新潮文庫。

―――、1982年、『川端康成全集』第24巻、全35巻、新潮社。

中村光男編、1984年、第1刷1971年、『二葉亭四迷・嵯峨の屋おむろ集』明治文学全集・第17巻、筑摩書房。

林芙美子、1978年、『林芙美子全集』第9巻、文泉堂出版。

三島由紀夫、1971年、第1刷1968年『花ざかりの森・憂国』新潮社、新潮文庫。

村上春樹、1992年、第1刷1985年、『羊をめぐる冒険（上）』講談社、講談社文庫。

（英語）

Howe, Irving, and Ilana Wiener Howe, eds. 1998. Bantam Edition, 1983. *Short Shorts.* Toronto : Bantam Books.

Kawabata, Yasunari. 1982. First Tuttle Edition, 1957. Trans. Edward G. Seidensticker. *Snow Country.* Tokyo : Charles E.Tuttle Company.

Keene, Donald. comp. & ed. 1985. First Tuttle Edition, 1957. *Modern Japanese Literature.* Tokyo : Charles E. Tuttle Company.

Murakami, Haruki. 1990. Trans. Alfred Birnbaum. *A Wild Sheep Chase.* New York: Plume.

（大澤吉博　「正しい翻訳とは」、川本皓嗣・井上健編『翻訳の方法』東京大学出版会、1997年）

[資料] 2-B 「菜の花」への眼差し
――「外」から眺めた日本語について

01　● Mustard Flowers

02　いきなり英語の詩からはじめます。ただし、この詩の細部の読み方については あとで詳しく述べますので、個々の単語の意味などあまり気にせずに、とにかく 一度目を通してみてください。[中略]

03　Behold, mustard flowers unfold
　　Beneath the moon which rising high
　　Softly lights as it climbs
　　The edges of the eastern sky
　　And still the sun remains aglow
　　As it lingers west, so low
　　In the corner of the field
　　Where flowers their beauty wield

04　'Tis such a sight as to be seen
　　O'er farmhouse meadows afar
　　As day says her last farewell
　　Sun and moon together gleam
　　Twinned they shine upon the face
　　Of spring flowers in their place
　　Greeted by the rustling breeze
　　Which sweeps from Vale through fine new leaves

05　Fluttering blossoms, ne'er confused
　　Whence to show their golden eyes
　　For moon and sun are friends this day
　　In a field where happiness lies
　　Nestled in a bed of gold
　　Such beauty I've yet to behold
　　East and west join to be one
　　The radiance of moon and sun

06　I pause perchance to catch a glance
　　Of Mother Nature's playful dance
　　Should the night be ne'er to come
　　My wand'ring soul shall hitherforth
　　Stay within the charms of light
　　Trapped in this time not day not night
　　Beside the flowers as they grow
　　Beneath the moon and sun that glow

このテクストの「原作者」はクレア・マリイさんというオーストラリアから来て日本語研究をしている若い研究者です。ひととおり読み終えたところで、どんな情景が思い浮かんでくるか、そのイメージをできるだけ具体的に頭の中で再構築してみてください。花咲く野原、のどかな夕暮れのひととき、空には太陽あり、月あり、あたりに満ち溢れる光でもって自然のすべてがやさしく包まれている、といったところでしょうか。

種明かしからはじめれば、これは与謝蕪村の有名な俳句「菜の花や月は東に日は西に」から派生したものなのです。「外国語としての日本語」という授業でこの句を読み、それをできるだけ自由に、かつオリジナルの発想に忠実に翻案したらどうなるかという実験をしたときの産物です。かつてウィドウソンという人がワーズワスの "The Solitary Reaper" という1篇を換骨奪胎して、小林一茶の「藪陰やたつた一人の田植歌」に凝縮してしまったという例（Widdowson,H.G., *Practical Stylistics,* Oxford University Press,1992）を逆転させて、蕪村の俳句を「ワーズワス風」に書き換えてしまったわけです。「ワーズワス風」というのは、つまり、もしワーズワスが蕪村と同じ光景を見たら、どのような詩を作ったかを想定してみるということです。あえて翻案といったのは、原文の言語・文化に値うる限り忠実であることが期待される翻訳とは違って、むしろ訳された言語・文化寄りに、もとのテクストを編み直すことを狙ったからで、ワーズワスが用いたであろう詩の形式（ここでは "The Solitary Reaper" と同様の押韻を踏んだ4聯詩）を応用し、またワーズワスが自然をとらえる目の特徴をできるだけ生かして同じ風景を描き直そうとしたからです。

「菜の花や月は東に日は西に」を直訳してみると、恐らく次のようになるでしょう。

Behold, rapeseed flowers
Moon in the east
Sun in the west（マリイ訳）

●菜の花畑の映像

「菜の花」の訳語である "rapeseed flowers" がどんなイメージを喚起するのか、私にはわかりませんが、上の翻訳を文字通りに眺めてみると、黄色い花が咲いていて、月が東にあって、太陽が西にあって……それで何が言いたいの？　ということになりかねません。「外国語」として日本語を読むというときに、日本語の単語ひとつひとつを別の言語の対応語あるいはそれに近いものに置き換えてみても、もとのテクストの効果を再現させることはできません。あとで詳しくみるように、ある言語で書かれたテクストには何重もの言語的・文化的読み込みが期待

されているからです。「菜の花」の句について、古典的な解釈を引けば、たとえば几董(きとう)は次のように言っています。

13　「春の長い日のおよそ七ツ時分と定め、十日ごろと見て、月も昼のうちから出てあるを見た所が、一面に菜種の花盛りで、ほかに物なき景色なり」(『付合てびき蔓』)

14　七つと言えば寅の刻で、つまりここでは午後の４時ということになります。「菜種の花盛り」とあるのは、これが菜種油をとるために栽培されている菜の花の畑であり、つまりこれが農村の一光景であることを指しています。また「一面に」とさりげなく言われているのは、菜の花といえば、床の間に置かれた花瓶に一輪挿しにするものではなく、畑いっぱいに咲き乱れている姿がまず思い浮かぶからでしょう。というだけでもこの句の読み方はかなり限定されてくるわけで、これは農村の、ある夕暮れの、黄色い花をいっせいに咲かせた菜の花畑の光景であることがわかります。このような菜の花畑の映像といえば、ちょっと日本の近代詩になじみのある人が、すぐに思い出すのが山村暮鳥(ぼちょう)の「風景──純銀もざいく──」と題された次の詩でしょう。

15　　いちめんのなのはな　　いちめんのなのはな　　いちめんのなのはな
　　　いちめんのなのはな　　いちめんのなのはな　　いちめんのなのはな
　　　いちめんのなのはな　　いちめんのなのはな　　いちめんのなのはな
　　　いちめんのなのはな　　いちめんのなのはな　　いちめんのなのはな
　　　いちめんのなのはな　　いちめんのなのはな　　いちめんのなのはな
　　　いちめんのなのはな　　いちめんのなのはな　　いちめんのなのはな
　　　いちめんのなのはな　　いちめんのなのはな　　いちめんのなのはな
　　　かすかなるむぎぶえ　　ひばりのおしゃべり　　やめるはひるのつき
　　　いちめんのなのはな　　いちめんのなのはな　　いちめんのなのはな

16　もとは縦書きの詩ですが、横に並べてもその効果はおおむね同じと言っていいでしょう（菜の花が多少平べったく見えてしまう心配はありますが）。各聯の最後から２行目に、一面の菜の花の無言の調和に揺さぶりをかけるような異質な要素が差し挟まれていますが、第三聯の「ひるのつき」とは、蕪村(ぶそん)を意識してのことかもしれません。「やめる」月であるところがいかにも暮鳥(ぼちょう)なのですが、それはともかくとして、このように日本の言語文化においては「菜の花」の喚起する映像は、群生する花々として、ある程度の一般性を持っていることが確認できたかと思い

ます。

●ワーズワース風「菜の花」

　そこで、上の蕪村の句を「外国語として読む」という問題について考えてみることにしましょう。まず、「外国語」という表現自体についてひとこと断っておくと、これは「日本」対「外国」という二項対立的な、「内と外」的発想を根拠にするものではなく、歴史的、文化的産物としての特定の言語文化の共有を前提とせず、日本語のテクストを外から見る視点、文字のつらなりをそれそのものとして、初心に返って見つめ直す視点と言い換えてみることができるかと思います。「外国・語」ではなく「外・国語」、つまり漢文の返り点的読みに準じて「国語を外す」と考えるべきだと言ったのは、同じ授業に参加している台湾出身の盧承誼君でした。さらに別の言い方をすれば、日本語を「異化」する試みということもできます。日本語の母語話者が当たり前と思って読んでいることが、多くの場合、当たり前でないことを発見していく過程、それがある特定の文化の中でその共同体の構成員に対して歴史的に「仕込まれてきた」読み方であることを自覚し、自明性のなかで納得していたものに対してその自明性を支えるメカニズムをひとつひとつ明示化していく過程と考えてみることもできます。

　「菜の花」の句には難解な語句もなく、構成も明快で、これならば内からでも外からでも、見えてくるものは同じじゃないかと言いたくなるかもしれません。菜の花の含みもつ群生する黄色い花のイメージさえおさえておけば、月と日については、これは地球上のどこから眺めても同じ形をしているはずなのですから。だとすれば、先に掲げた英訳の問題は、「菜の花」と "rapeseed flowers" の喚起す

菜の花の写真

（写真撮影：青木繁伸　群馬県前橋市　http://aoki2.si.gunma-u.ac.jp）

るイメージとそのコノテーションの幅にずれがあったからということで済まされるのでしょうか。

20 　ここで、冒頭に掲げたマリイ版ワーズワース風 "Mustard Flowers" に戻って、この32行詩で描き出されている風景を眺めてみることにしましょう。まずこのテクストが編み出されていった過程をひととおりたどってみることにします。ワーズワースが同じ光景を見たらこんな詩を作ったのではないかという想定での作詩だと述べましたが、むろん、イギリスの湖水地方に蕪村が見たのと同じような菜の花畑はありません。そこでまず、黄色い花が一面に咲き乱れている風景といえば、"rapeseed flowers" よりは、"mustard flowers" の方が詩題にふさわしいと判断され、この詩の題名には "Mustard Flowers" が選ばれます。

21 　次に第一聯では、中心となる風景の構成要素が、蕪村の「菜の花」に比較的忠実な形で提示されています。東の空には月が昇り、西の空にはなお日が照り輝いている夕暮れに、"mustard flowers" のつぼみが開いていく様子がとらえられ、花のイメージを前景化するために、冒頭と末尾の行で咲き誇る花のイメージが繰り返されます。

22 　第二聯では、もとの俳句が農村風景を喚起させていたことを踏まえて、花々の手前に一軒の農家を配し、さらに月と日とが一対となって輝いている様子が「双子」の動詞形である "twin" の語によって強調されます。ただしここで注目したいのは、"mustard flowers" の花々に向けて、谷間から吹くそよ風が「あいさつ」を送っているということです。蕪村の俳句では吹いていなかった（少なくともテクストには顕在化していない）風が吹いているのは、ワーズワースの詩であれば、野に花々が咲き、空が光に満ちていれば、山の方からは爽やかなそよ風が吹いてきて木々の葉っぱをざわめかせ、花々をやさしく愛撫することがいかにも似つかわしいという配慮がはたらいたからでしょう。さらに第二聯では、蕪村の句では季語の菜の花によって間接的に示されていた春という季節が "spring flowers" という言い替えによって明示されます。

23 　第三聯にいくと、今度は花々の心情、そして月と日との調和的な関係が、擬人化された自然の立場から語られています。花々は「迷う」ことなく、風の愛撫を受けて瞳を開き、月と日は「むつまじく」空を分かち合い、そしてこの豊かな自然の中には「幸せ」が眠っているのだと、情景全体が幸福に満ち足りたものであることが直接的に語られます。そしてその時、"mustard flowers" の黄色は空から降り来る光を受けて金色となり、大自然の美しさをさらに輝かしいものとするのです。自然の擬人化は、よく見ると、これに先立つ第二聯からはじまっており、イギリス文学の伝統に従って、最後の別れを告げる "day" は "her last farewell" という表現でもって、女性として表象されています。最終聯については、一目見て

明らかなように、蕪村の俳句では全く表現されていなかった詩人の感情が前面に出され、自然との一体感を夢想するイギリス・ロマン派の詩人ワーズワースの姿を彷彿とさせます。

　蕪村の「菜の花」からなんと遠くの世界に来たものだろう、と思わず首を傾げたくなるかもしれません。マリイさんの "Mustard Flowers" は、「菜の花」の句に盛られていた最低限の要素を注意深く踏まえた上で再構築されたものです。ここで応用された詩の形式について詳しく述べるいとまはありませんが、イギリス詩の伝統が要求する詩の形をめぐる規制が、17音節の俳句を32行詩に引き延ばし、それに規則的な脚韻を与えて4聯立てのテクストを生み出しました。でもそれだけではありません。自己増殖的にふえていった "Mustard Flowers" の詩句が提示しているのは、「菜の花」の俳句17音節をたんに説明的に言い直したものではありません。花や月、太陽といった指示対象が何度も異なる表現で言い換えられ、そのイメージが増幅されていくなかで、もとの俳句では明示されていなかった色や形が鮮やかに見えてくるようになります。また英語の詩句を編むために、蕪村の一句においては欠如していた動詞が多用されているため、結果として風景の全体はダイナミックな息づかいを獲得するにいたります。さらに谷間から吹くそよ風といった、イギリス詩において類似した風景にもとめられる小道具が加えられたり、同じくヨーロッパの文学的伝統にのっとって自然が女性にたとえられたり、眼前の光景に感動している詩人自身の精神の様態が示唆されるといったふうに、テクストの語りの性格は本質的変容を強いられていくのです。

　「外・国語」として日本語を見るという問題にもう一度立ち返ってみましょう。マリイさんが翻案によって示してくれたのは、裏を返せば、ワーズワースの詩になじみのある読者は、蕪村の俳句をこのように読みとりたくなる衝動を持つ、ということではないでしょうか。むろん、それは、このように読んでみれば蕪村の俳句がわかるようになるということではありません。蕪村のテクストは、どんなに突っつかれても、食い込まれても、蕪村のテクストでありつづけ、決してワーズワースに成り代わることはないのですから。そうではなくて、このような衝動を持つ読者の眼差しを持ち込むことによって、蕪村のテクストがそのミニマルな表現でもって主張しようとしていた、テクストの襞に秘められていた声のようなものが、ことばの皮を一枚ずつめくるようにして見えてくるのではないかということです。"Mustard Flowers" 的情景を期待していた読者は、蕪村のテクストの前に思わず立ち止まり、その寡黙なことばの羅列の隙間を覗き込んでみたくなることでしょう。そして、その時見えてくるものは、多くの場合、日本語あるいは日本文学の伝統になじんでいる読者があえて問うことのないような、テクストの基層を成す文化的、歴史的前提条件、あるいはテクストの地肌を成すことばの羅列

に巧みに組み込まれている様々な意味の仕掛けなのです。

26　「ワーズワース風」の自然においては太陽と月が双子のように仲良しになり、黄色い花々は顔を上げてぱっちりと瞳を見開いています。このような生命感の横溢した「人間的」風景を期待して蕪村の句を眺めると、「菜の花」のテクストがなんともの寂しいものに見えてくることか。よく「絵画的」と言われる蕪村の俳句も、このように見ると、そこには色も形もなんだかはっきりしない、とらえどころのない単純な構図が浮かんでくるばかりです。「月は東に日は西に」について見ると、まず第一にここには動詞がありません。「月は東に昇り、日は西に沈み」でもよいし、「月は東にあり、日は西にあり」、あるいは共に「浮かび」でもかまわない。それでいて、どうもこの句においては、あまりダイナミックに一方が「昇り」、一方が「沈み」という感じがしません。それは一つには、tsu ki wa hi ga shi ni/hi wa ni shi ni という [i] の音の重なりが、昇ったり降りたりというよりは、横並びの、あるいは静止した感じを与えているからかもしれません。これが「月は東へ日は西へ」でないことも、この風景から動的要素を排する一つの要因となっているのでしょう。

27　この風景の全体の色調についても、菜の花の黄色が前面に見えるほかには何一つ文字面から判断できる要素はありません。菜の花の圧倒的な黄色が一句の中心的イメージであるとすれば、月も日も、その照り返しを受けてぼんやりと黄色っぽく、明るくもなく暗くもない夕暮れ時に、むしろ白に近い色で、弱々しく光を放っていると読むことはできますが、むろんそのように読み方を確定する明確な根拠はありません。一つ言えることは、この情景の全体が、一種の平衡感覚に支えられているような、均衡のとれた印象を与えていることです。それは、先に触れた動的要素の欠如ともかかわっていますが、この句の構成にかかわるもう一つの要素にも起因しています。

28　よく言われることですが、自然の「ふつうの」動きからすれば、まずは日が沈んで、次に月が昇るというのが順序なわけで、たまたま両者が同時に空にひっかかっていることがあったとしても、やはり「日は西に、月は東に」という風に、日が沈む動きを月が昇る動きの前に持ってきた方が時の流れは滑らかに感じられます。つまり、（それが俳句の5・7・5という制約に引きずられたからだと言えばそれまでですが、）ここで二つの現象が逆の順序で記されることによって、自然の時間の流れがある瞬間にぐらっと「逆流」したような、そして沈みかけた日が一瞬戸惑い、昇りかけた月が一瞬立ち止まるような、昼と夜の狭間の瞬間的な静止状態を示唆している、というふうに解釈することができるのです。むろん、このような主題の背景には、「永日」とか「日長」という語が春の季語であることからも知られるように、春の日はなかなか暮れてくれない、という日本文学の伝統のなか

でコード化されてきた季節感もたらしています。

　こうしてだんだん見えてくるのは、蕪村の俳句が前提としている自然風景の大条件のようなものです。たしかにここでは一瞬時間が止まったような、静謐な夕刻の情景に対する感動が描かれています。でも、この自然はきわめて身近な自然であって、人間の存在と切り離されて独自の姿を持ち、人間の魂を揺さぶり動かすようなダイナミズムを宿した、神がかった自然ではありません。物言わんばかりの太陽や月や花々がテクストの空間を支配している"Mustard Flowers"の情景とは違って、この自然の背景には淡々とした生活感覚が流れています。その自然のスケールも、実はそれほど大きいものではないのでしょう。菜の花の広がりに区切りをつけるように、東の空には月が、西の空には太陽がぽっかりと浮かんでいて、画面はこぢんまりとまとめられています。この情景をとらえた人の目には、このような構図の外側にある宇宙的次元の空間の広がりなど、関係のないことだったのです。

　英訳でこの俳句を紹介しているものを見ると、手もとにあるものを見る限り、どれもが赤い太陽と銀色の月を対照させ、それに菜の花の金色を添えて、ここに輝かしく神秘的な自然の光景を読みとっているようです。「燃え上がる巨大な紅の玉、透明な銀色の壮大な円鏡、そして黄金に波打つ大洋」("The great scarlet ball of fire, the grand round mirror of transparent silver and the swaying ocean of gold ……")といった解説もあります。日本文学の伝統のなかでも、この太陽を赤いとする解釈はありますが、この句の中にこのような超人間的な自然の姿を見ようとする衝動はきわめて稀薄だと言えるでしょう。

　そもそも「菜の花」のこの一句は、蕪村が陶淵明の次の詩を俳諧化したものだと言われています。

「雑詩其二」
白日淪西阿（西阿に白日しずみ）　　素月出東嶺（素月東嶺に出づ）
遥遥万里輝（遥遥たり万里の輝き）　蕩蕩空中景（蕩蕩たり空中の景）

　西にそびえる山嶺の間には曇りのない太陽が沈み、東の嶺の上には色鮮やかな月が出る、万里の彼方見渡す限り輝きに満ち溢れ、なんと広大なる天空の景色であることか……ざっとそんな感じかと思います。わずか20字によって編み出されているこの景観のスケールの大きさは、中国の広大な陸地あってのことでしょうが、このテクストを生み出した地理感覚の背景には、つつましい農村の生活など入る余地のない壮大な宇宙観が秘められているように思われます。天空を渡る白日と素月の豪快な動きは、"mustard flowers"の嬉々として花開くさまを見守って

いた太陽と月の動きとも比較にならない大きさを感じさせ、ここに描かれている自然の要素は、蕪村の菜の花とは違った意味で、擬人化されることを頑なに拒んでいます。そよ風とも無縁な、いわば非人間的な凄烈な空気がこの一篇のイメージを支配しています。

34 　北京から来ている学生の一人が、蕪村の一句を見て開口一番「一日の仕事を終えた農夫がくわを肩にのせて、畑を眺めている光景だ。ミレーの晩鐘を思い出す」というような発言をしたとき、蕪村の俳句にさして日常的要素を見ていなかった私は、なぜ彼がいきなり農夫の姿を思い起こしたのか、ぴんとこなかったことを記憶しています。今にして思えば、例えばもし、上のような詩を念頭において「菜の花」の句を読めば、「菜の花」がいかにも生活感覚に密着した、自然と人間が近しい関係にある情景であることが、蕪村のテクストの第一義的意味として浮上してきたのではないかと考えることができるのです。冒頭の翻案の試みということに話を戻すと、マリイさんが蕪村のテクストを「ワーズワース風」に書き換えたように、蕪村は陶淵明の上の詩を「蕪村風」に書き換えたということもできるわけです。

35 　　　（エリス俊子「「菜の花」への眼差し――「外」から眺めた日本語について」、小林康夫・船曳建夫編『新・知の技法』東京大学出版会、1998年）

日本語のボーダー

である川本皓嗣氏をはじめ主催者たちと連絡を取ってみると、四年前の南アフリカの世界大会では、南アのナディン・ゴーディマ女史と、アフリカ各国の代表作家が講演をしたが、やはり話はすべて英語かフランス語だったという。たとえ非西洋の文学を語るときも、それを語る言語はいまだに西洋語である。西洋語ではない「世界文学」を浮きぼりにしようと思えば、まずその構図を変えなければならない、というのがいまだに「中心」で、その他は「周辺」になっている。単なる西洋文学ではない「世界文学」を浮きぼりにしようと思えば、まずその構図を変えなければならない、というのだろう。

西洋人として生まれたぼくが、日本語の作家として、「外国」の文学者たちの前で、話をすることになった。

□ ■ □

今年の八月のある日、新宿の家から出かけて、香港へ旅立った。成田空港の出国カウンターではアメリカのパスポートとそこに押されている再入国許可スタンプを提示したが、作家として「外国」へ出向くぼくがまえ、ぼくの頭の中は日本語でいっぱいだった。

その日の夜、香港の大学にある講堂の壇上に立った。講堂に集った五大陸の研究者と批評家の色とりどりの顔を見渡した。一瞬はたじろぎ、そして話し出した。白い顔だけ違ったニュアンスののぼくは、アメリカからではなく新宿の部屋からここに来た、これはぼくにとっての表現のことばなのだ、という説明すらせずに、日本語で話し出した。

たちまち、もう一つの声が耳に入った。すぐにその日本語が英語に通訳されるという。

自分の日本語の声と、そのことばを英訳する声が、競争するようにぶつかり、そして響き合った。翻訳されることを実感した。

ぼくの口を出る島国の声が、次々と、分るのに異様な、大陸の声となって、耳にはね返ってきた。ことばがボーダーを越えて、またもどってくるの日当たりの悪い部屋で、世界の「中心」の言語にはなったことが一度もないことばによって、かれらは百年間、非西洋語の、しかしまぎれもなくもう一つの近代文学と創作の循環をくりかえしながら生きながらえてきた日本語の生命を感じながら、何とか話しつづけたのである。

□ ■ □

「外」から翻訳をしていた頃の、昔の自分の声英語の声が響いた。

陸のボーダーのない島国には、しかし違った慈味の境がある。国境のない国、だからこそか、そのことばで、表現のポーダーを見つけて、越えようとしてきた。島国の作家たちが次々と、越えられないものだった。大都市の、日当たりの悪い部屋で、世界の「中心」の言語にはなったことが一度もないことばによって、かれらは百年間、非西洋語の、しかしまぎれもなくもう一つの近代文学を創り上げた。

そのことばを何とか共有することができた自分なりに、そのことばを英訳する声が、競争するようにぶつかり、そして響き合った。翻訳されることを実感した。

boundaryと、ことばの衣替えをした。すぐとなりなのに、その声が少しずつ遠くに聞こえるようになった。

陸のボーダーのない島国には、しかし違った意味の境がある。国境のない国、だからこそか、そのことばで、表現のポーダーを見つけて、越えようとしてきた。島国の作家たちが次々と、越えてことばがボーダーを越え、またもどってくるの都市の、日当たりの悪い部屋で、世界の「中心」の言語にはなったことが一度もないことばによって、かれらは百年間、非西洋語の、しかしまぎれもなくもう一つの近代文学を創り上げた。

すぐとなりで、「ボーダー」が違った発音のborder、「境」が少しだけ違ったニュアンスのそのことばを何とか共けたのである。

（『日本経済新聞』2004年10月31日付朝刊）

日本語のボーダー

リービ 英雄

二十世紀の作家たちの面影を感じながら、ぼくはとっての表現はすべてこの島国のことばとなったのである。

この十数年間、原稿用紙に日本語をつづって生きてきた。

去年のある日、路地裏の家のポストに、英語とフランス語の学会名を書いた一通のぶ厚い手紙が届いた。あけてみると、新宿の路地裏に日本語を書きはじめ分で日本語を書きはじめたとき、逆に、本物の創作も、ある種の「翻訳」のように、ことばの見えない、カの大学の教職を辞しある種の「創作」である、東京のそのような部屋に定住して日本語の小説を書く前は、アメリカの大学で日本文学を教えていた。「外国の研究者」という肩書で、日本語を、母語の英語に翻訳することがたびたびあった。万葉集の英訳も試みて、日本語の散文の英訳もしたが。同じ文化圏内の翻訳と違って、日本語を英語に「書き直す」ことは苦労も多いが、異質だからこそことばのボーダーを越えてゆくよろこびも大きかった。本物の翻訳は

新宿に残る、舗装されていない路地の奥の古い木造家屋に引越してから四年が経つ。その前の十年間も、やはり新宿区内の古い家の二階の広い和室を借りていた。日本の最先端のきらびやかな光がどかない部屋の中に、日本語の作家としてデビューしてからぼくは住みつづけてきた。日本の「近代」「伝統」よりも日本の近代、都市の中心部、だが最先端のきらびやかな光がどかない部屋の中に、日本語の作家としてデビュー

新宿の部屋で、いつの間にか日本語の小説とノンフィクションを十冊書き上げた。「外」から翻訳していた頃を思い出すこともあったが、ぼくにとって

今年の八月に香港で予定していた国際比較文学の世界大会の基調講演の依頼だった。講演は、できれば日本語で行ってほしい、ということだった。世界屈指の文学者組織だが、招待状の学会名同様に、会議の公用語は英語とフランス語である。日本人初の世界会長

□■□

る。日本語初の世界会長

りーび・ひでお 1950年米国生まれ。作家。プリンストン大学教授などを経て89年から日本に定住。著書に『星条旗の聞こえない部屋』『天安門』『我的中国』など。

テーマ4
フリーターと仕事

就職者の割合は低下、フリーターの割合は上昇

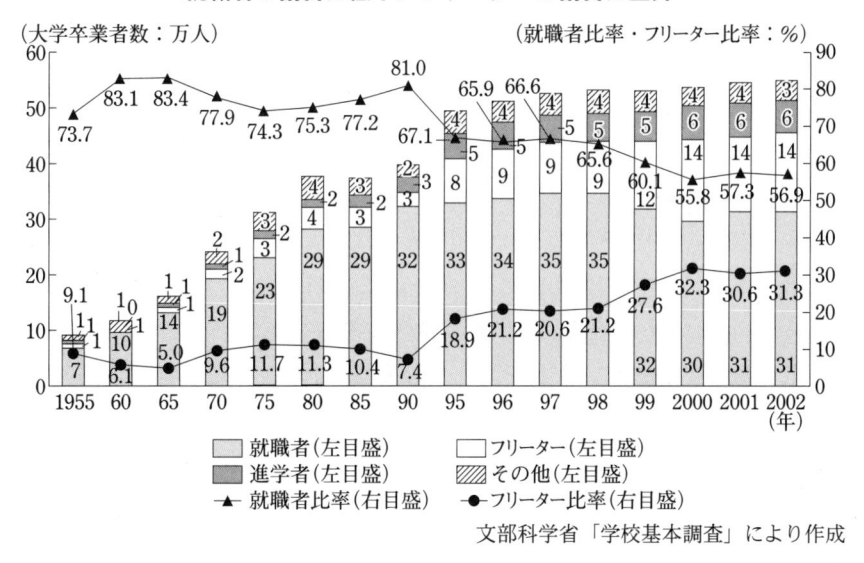

(大学卒業者数：万人)　　　　　　　　　　　(就職者比率・フリーター比率：％)

年	就職者	フリーター	進学者	その他	就職者比率	フリーター比率
1955	7	1	1	1	73.7	9.1
60	10	1	1	0	83.1	6.1
65	14	1	1	1	83.4	5.0
70	19	1	2	2	77.9	9.6
75	23	2	3	2	74.3	11.7
80	29	3	4	2	75.3	11.3
85	29	3	3	2	77.2	10.4
90	32	3	2	2	81.0	7.4
95	33	8	4	2	67.1	18.9
96	34	9	4	5	65.9	21.2
97	35	9	4	5	66.6	20.6
98	35	9	4	5	65.6	21.2
99	32	12	5	4	60.1	27.6
2000	30	14	6	4	55.8	32.3
2001	31	14	6	4	57.3	30.6
2002	31	14	6	3	56.9	31.3

□就職者(左目盛)　□フリーター(左目盛)
■進学者(左目盛)　▨その他(左目盛)
▲就職者比率(右目盛)　●フリーター比率(右目盛)

文部科学省「学校基本調査」により作成

(『国民生活白書　平成15年度版』国立印刷局、2003年)

[資料] ❶ 雇用不安の背後で

> 問題1
> ①失業者の数
> ②横浜市の人口
> ③四年制大学の学生数
> 以上のうち、日本国内で一番多いのはいずれか。

　日本の失業者数（正確には完全失業者数という）は、2000年平均で320万人にのぼっている。

　日本最大の市である横浜市の人口は、約345万人であり、正解は②ということになる。ただし、失業率が過去最悪となった2001年9月であれば失業者は357万人であり、この時点では①の失業者の数が正解となる。いずれにせよ、日本全体の失業者数としては、横浜市民全員が失業した状態をイメージすればよい。このなかで、一番少ないのは大学生の数の約274万人（2000年5月時点）。

　日本全体の完全失業者数は、横浜市の人口に匹敵し、いまや「誰でもなれる」とさえいわれる大学生の数を大きく上回る。社会全体の雇用情勢については、失業率が5パーセントに到達したといった数字からはなかなか実感しにくい。しかしこんな単純な比較からも、いかに多くの失業者が現在日本に存在しているか、想像できる。［中略］

●これからの労働市場

　1997年以来の急速な失業率の上昇のなか、かつては長期雇用と年功賃金のもとに安定的な雇用機会と処遇を保証されていた中高年大卒の雇用状況がきびしさを増しているという。しかしながら、統計を客観的にながめてみると、失業に占める中高年大卒の位置づけは90年代に入って大きく変化していない。量的には、依然として高校卒や中学卒の失業者がその大部分を占めている。

　なかでも、中高年ではなく10代から30代、そして60代前半において中高卒の失業者が大きく増えつつある点にこそ最近の失業情勢の特徴がある。その意味で、失業率の上昇に歯止めをかけるために重要なのは、大学に進学しなかった人たち、年齢的には若年と60歳直後に対する就業機会の確保である。

　若年者の雇用状況は、その多くが自発的失業といわれ、生計費の維持がむずかしい中高年の失業者とくらべて、問題が深刻視されることは少ない。若年の離職

動機として「仕事のこだわりがなくなった」ことによる就業意識の変化が取り沙汰され、さらには少子化によって親のスネをかじりやすくなったことなども強調される。

09　しかし、若年失業が増加する背景には、今後大きな社会的問題になる要因が存在している。それは、若年が仕事を通じて能力を開発・育成する機会が減退しつつあるという点である。中高卒の新卒採用者にとって、高密度の職場訓練（OJT）の機会をこれまで提供してきた大企業への就業はほとんど不可能になりつつある。さらには雇用調整が新規採用の抑制によってなされているため、末端業務が一部の若手社員に集中し、若者の能力開発や育成を行う余裕が会社からなくなっている。

10　中高年にくらべれば若者には仕事があるといっても、その内容は、労働条件がいちじるしくきびしい仕事と、一方で熟練技能を要求しないようなラクな仕事への二極分化が進んでいる。その状況は若年の高校卒ほど顕著である。苦しいながらも乗り越えれば仕事のよろこびや誇りにつながり、業務を通じて自分自身の成長を実感できる「苦しいけど楽しい」（＝「くるたのしい」）仕事がもっと若者に増えなければならない。そうでなければ、熟練を通じて高い生産性を実現してきた日本の人的資源は、確実に劣化の道を進んでいくだろう。

11
> 問題2
> 先月まで懸命に就職活動をしていたAさん。採用内定の通知が届くのを心待ちにしていたものの、願いはかなわなかった。そのショックから、今は就職活動をする気にもなれない。このようなAさんが統計上、失業者とはみなされないのはなぜだろうか？

12　●「失業」と「非労働力」

13　「先月の完全失業率は……」は、いまやニュースでもおなじみのフレーズである。ニュース・キャスターの「雇用状況は又も過去最悪を更新しました」という報道は、失業率の歴史的な高水準を物語る。

14　しかし、そもそも、問題は本当に失業率だけなのだろうか？　失業率の正確な意味は、毎月末の1週間に、まったく仕事をしておらず、職探しをしている人々、もしくは求職活動の結果を待っている人々（「完全失業者」）が、就業者と完全失業者の総和（「労働力人口」）のなかで何パーセントを占めるか、である。

15　だから、働きたいと思ってかつては懸命に就職活動をしていたもののうまくいかず、いまは活動していないAさんのような人は、失業者には含まれない。職探しをあきらめているからというのが問題2の答になる。このような人々は、「非労働力」と呼ばれる。非労働力とは、15歳以上人口のうち、就業者でも完全失業

者でもない人すべてを表す言葉である。非労働力というと、学生や専業主婦、引退した高齢者をイメージする人も多い。しかし、現実には、そうでない人々、失業者に限りなく近い人々も、非労働力には多く含まれる。

総務省「労働力調査特別調査」によると、2001年2月時点で、非労働力は4162万人にのぼる。15歳以上の人口全体は1億835万人であり、非労働力はその38.4パーセントを占める。この多数の非労働力のなかにも、就業を希望する人々はいる。その数は982万人であり、非労働力のうち、4人に1人弱が本当は働きたいと考えている。

さらにこまかくみると、就業希望者のうち、251万人は過去1年のあいだに実際、求職活動をしている。失業者数が横浜市の人口と同程度という対比をここでも用いるならば、求職実績のある251万人の非労働力の人々は、大阪市の人口をやや下回る規模に匹敵する（2001年5月時点の大阪市の人口は、約260万5000人）。

私たちが、「失業者」とイメージしがちな職を求める人々の多くが、実際には失業者ではなく、非労働力というグループにカウントされている。大阪市に相当する非労働力の人々は、報道されている「失業率」には含まれない。

25−34歳の人々に限っても、非労働力は同じ2001年2月で349万人をかぞえる。そのうち過半数の191万人は就業希望を持つ。さらに、47万人は過去1年間に就職活動をしている。25−34歳の同じ時点での「完全失業者」は87万人であり、その半分以上の非労働力の人々が、失業者とみなされない就職希望者なのである。

年齢別の状況をくわしくみるため、非労働力に占める就業希望者の割合の推移を図1に示した。この図をみると、55−64歳および65歳以上の非労働力の人々が就業を希望する割合は、一貫して低い。それが非労働力全体に占める就業希望比率を押し下げている。

それに対し、1980年代後半以降、25−34歳や35−44歳の就業希望比率は、ほぼ50パーセントを超えている。さらによくみると、90年代後半になって、在学中を除く15−24歳を中心に、若い年齢層で、非労働力に占める就業希望割合はゆるやかに高まる傾向がみられる。失業者以外にも、就業を希望する人々が若い年齢層には多数存在する。その割合は90年代後半の不況期以後、増えつつある。

職に就くことを希望しながら、自分にあった仕事を見出せない人々、就職活動があまりに困難なことから、仕事を探すことをあきらめた人々。その結果、失業者としてはとらえられていない、非労働力とみなされる人々が、若者を中心に増えている。

過去1年間に求職活動をした就職希望を持つ非労働力について、年齢別および学歴別の状況をみたのが、表1である。完全失業者数についての表と同様、45−54歳の中高年大学卒は少なく、2万人にすぎない。183万人の学卒で、求職実績

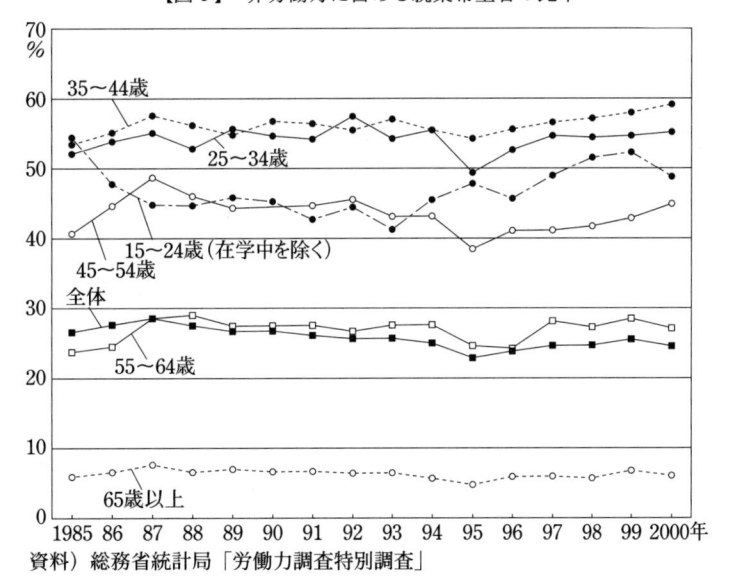

【図1】 非労働力に占める就業希望者の比率

（グラフ：1985年～2000年、年齢別「35～44歳」「25～34歳」「15～24歳（在学中を除く）」「45～54歳」「全体」「55～64歳」「65歳以上」の推移）

資料）総務省統計局「労働力調査特別調査」

のある非労働力のうち、およそ半分である93万人は、やはり高校卒の人々である。それに対し、大学卒は14万人。失業と非労働力の区分を超えて、仕事に就けないのは、大学卒よりも、まちがいなく高校卒のほうが深刻なのである。

　さらに、就職希望の非労働力者を男女別にみると、女性が大勢を占めている。1990年代後半になって、Aさんのように職探しをしても仕事がみつからないため、失業から非労働力へ移行した女性が増えている。女性の場合、失業者だけに目を向けていると、問題を見誤ってしまう。求職実績のある非労働力の152万人女性のなかにこそ、本当の問題がある。〔中略〕

　雇用問題といえば、どうしても失業ばかりに目が向けられる。だが、みてきたとおり、問題は失業だけではない。本当に大事なのは、失業や非労働力の区分にかかわらず、働きたい人がすべて働けるということである。

　現在、フリーターの増加など、正社員になれない（ならない）人々が増えることを懸念する声を耳にする。しかし、長期的には、正社員かどうかというよりも、どういうかたちであれ、とにかく働く機会があるということこそが、重要になるだろう。働く機会について考えるとき、問題を複雑にしているのは、失業と非労働力の区分が曖昧になってきていることである。

　統計上、非労働力人口は、「家事」、「通学」、「その他」に分類されている。このうち、通学は減ったが、それ以上に家事とその他が増え続けている。その結果、年平均の非労働力人口は1990年に3657万人だったのが2000年には4057万人と、90年代を通じてちょうど400万人も増えた。なかでも家事でも通学でもない「その他」は、1990年の1140万人から2000年の1466万人まで、326万人も増えている。その大部分

【表1】 過去一年間に求職活動をした経験をもつ就業希望者の非労働力人口
(2000年8月、万人)

男女計	年齢計	15〜24歳	25〜34歳	35〜44歳	45〜54歳	55〜64歳	65歳以上
卒業者計	183	14	41	37	37	39	16
小学・中学卒	44	3	6	4	8	15	9
高校・旧制中学卒	93	8	19	19	21	20	6
短大・高専卒	32	2	13	10	6	2	0
大学・大学院卒	14	1	4	4	2	2	1

女性のみ	年齢計	15〜24歳	25〜34歳	35〜44歳	45〜54歳	55〜64歳	65歳以上
卒業者計	152	12	37	35	34	28	6
小学・中学卒	32	3	6	3	7	11	3
高校・旧制中学卒	79	6	16	18	20	16	2
短大・高専卒	31	2	12	10	6	2	-
大学・大学院卒	10	1	3	4	1	0	0

資料）総務省統計局「労働力調査特別調査」
「-」は該当する数値がないことを意味している。

はかつて仕事をしながら、新しい仕事を探してもみつからず、求職を現在、断念している人々だろう。

　仕事をしていない人が、失業者か、それとも非労働力であるかは、「仕事を探しているか否か」が決め手となる。しかしこの「仕事を探している」というのは、必ずしもハローワーク（公共職業安定所）へ行ったり、求人雑誌を買ったりしなくてもよい。自分が仕事を探していると思えば、失業者である。逆に、過去には懸命に仕事を探していながら、なかなかみつからないために現在はあきらめていれば、それは非労働力であって失業者ではない。インターネットを活用するなど、職探しの手段が多様化してくると、「なんとなく仕事を探している」といった、本人ですら自分が今、本当に仕事を探しているのかどうか、不明確なケースもたくさん出てくる。

（玄田有史『仕事のなかの曖昧な不安——揺れる若年の現在』中央公論新社、2001年）

最新の情報はここ

雇用に関する統計的な情報は定期的に更新されます。以下のサイトを見てみましょう。

厚生労働省ホームページ　http://www-bm.mhlw.go.jp/toukei/index.html

フリーターの増加

2001年のフリーター人口は417万人

　鳥取県（61万人）・島根県（75万人）・高知県（80万人）・徳島県（81万人）・福井県（82万人）の総人口を全部足した数よりフリーター人口の方が多い！

　非正規雇用者と就業希望無業者の間を移動している、いわゆるフリーター（雑誌リクルートフロムエーが命名）は、1982年50万人、87年79万人、92年101万人、97年151万人、そして2001年には何と417万人と、飛躍的に増大しています。417万人といえば、全国で10番目に人口が多い静岡県の総人口を上回ります。

　最近では、高等学校や大学を卒業して、そのままフリーターとなる若者が増加しています。フリーターはなぜ増えているのか、またフリーターとなった若者は一般にどのようなライフコースを歩んでいるのか、考えてみましょう。

（齊藤貴義「Social Science & Journalism　次世代情報都市みらい」
http://www.mirai-city.org/chuo/workfree.html ）

課題　資料1から資料2へ

まとめよう

[1] 筆者は現代の雇用状況をどのように整理したか。
[2] [1]から見えてくる問題点は何か。

課題

筆者が指摘する現代の雇用問題を、識者の視点と若者の視点からとらえ、自分の考えを整理せよ。
◆資料2A　フリーター200万人に明日はないさ
◆資料2B　決めつける若者

資料2のキーワード

> フリーター　夢　希望　労働　職業

資料2を読もう

[1] どちらかの資料を選択せよ。
[2] 選んだ資料から、次の点をすべて含めてまとめよ。
　　1) 筆者が主張していること・伝えようとしていること
　　2) 1)の論拠
　　3) あなたの考え
[3] もう一歩先に進みたい人へ
　　[2]の参考になる資料があったら、付け加えてまとめよ。

[資料] 2 —A フリーター200万人に明日はないさ

01　フリーターという言葉は、すっかり定着した。

02　本論の執筆のため、インターネットでフリーターを検索してみた。すると、1万件以上のフリーターという言葉を含むホームページが存在したのである。中には、学術的な調査報告書もあるが、大半は、「フリーター募集」という求人広告や、「フリーター入居可」、「フリーター大歓迎」といった広告が占めていた。

03　自分をフリーターと自称する人も多くなってきた。数年前、わが大学の卒業生名簿の現職欄に「フリーター」と書いてあるのを見た時には驚いたが、今では、在学中から堂々と「フリーターになります」と言う学生も出てきている。

04　フリーターという言葉は、10年ほど前に、リクルート社が、フリー（自由―英語）、アルバイター（労働者―独語）を合わせて作った和製外国語である。当時は、定職に就かずに気楽に生きる若者で、少数の例外的存在といったイメージがあった。

05　ところが昨年、労働省（当時）が『労働白書平成12年版』の中で、フリーターを取り上げ、その人数が、1997年時点で150万人以上と発表して以来、突如、社会問題として注目を浴びるようになった。2000年時点で約200万人になったという推定もある。日本労働研究機構や文部省（当時）の進路調査などでも、高校や大学を卒業後、定職につかない人が相当数いることが明らかになっている。20歳から34歳の未婚者は約1500万人である。ということは、独身者の少なくとも1割以上がフリーターということになる。

06　「フリーター」が社会の中で一つのライフスタイルとして認知され始めていることは、確かだろう。それは、①彼らの存在を前提にして、社会（特に労働需要）が成り立っており（社会の側からの認知）、②多くの人々が、彼らの生き方を、ライフ・スタイルの一形態として認めていること（個人の側からの認知）を要件とする。いわば、社会の需要と個々人の欲求が一致して、フリーターというライフスタイルが作り出されている。

07　例えば、「浪人」という存在は、客観的に分類すれば高卒無職者である。しかし、浪人を対象にした予備校という産業が成立し、親が経済生活を支えている。周りの人も当人も、浪人というレッテルを受け入れている。それゆえ、ただの高卒無職者ではなく、大学受験のため一生懸命勉強している（はずの）人とみなされる。「浪人です」と言えばいちいち働いていない理由を説明しなくて済む。

フリーターは、浪人と似ている。フリーターを分類すれば、未婚の若年臨時労働者となる。『労働白書』をみてみると、フリーターの定義にたいへん苦心した跡が窺われる。35歳未満で、現職がパート、アルバイトのもの。ただし、女性は未婚者、男性は職歴1年以上5年未満に限定。それにプラスして、失業者でパート、アルバイトを希望するものも含むとしている。しかし、フリーターは、単なる臨時労働者ではない。同じバイトの仕事をしていても、いわゆる中年の日雇い労働者やパートで働く主婦とは、異なった存在と見なされている。その差はどこにあるのだろうか。

●彼らの意外な共通点

議論が盛んになるにつれ、ブラブラしている人と、目標に向かって努力する人では違う、フリーターをひとくくりに論じるのはよくないという意見が出てくるようになった。確かに、いろいろなタイプのフリーターがいる。

私が調査した中では、声優志望で週に1回講習を受ける女性や、将来喫茶店を開きたいという女性、消防士になりたくて採用試験を受け続ける男性のように、明確な目標をもつ人もいる。「給料が高くて楽な仕事」を見つけたいというものもいる。一方で、バイト以外の時間全てを使って、お気に入りのロックバンドの追っかけをする女性もいれば、海外旅行が趣味で、時間的に自由がきくからフリーターになったという人もいる。[中略]

彼らの生き方の共通点を見つけるとすると、「将来に夢を見ている」ことだといえないだろうか。明確な目標を持っているにせよ、「幸せな家庭生活」であるにせよ、それが将来の「夢」であることに変わりはない。ここでは、夢を、現在の状態を否定して、将来の理想的状態を思い描くことと定義しよう。「やりたいことが見つからないからフリーターをやっている」という人も、現在の状態を否定して、やりたいことが見つかっている自分の姿を想像しているという意味で、夢を見ているのだ。

しかし、客観的に見れば、フリーターは、「安価で使い捨て可能な単純労働力」に他ならない。確かに働く人の仕事への思いは多様である。ごく一部のフリーターは、たとえ単純労働であっても、夢を実現する一つのステップとして仕事を位置づけている。例えば、カメラマン見習いとして現在は雑用係だけれど、将来、独立してやっていけるのではないかという期待を持つ人もいる。飲食業でバイトをしている女性フリーター（30代前半・親同居）は、将来喫茶店を経営したいからこの仕事を選んだと言っていた。ただ、大部分のフリーターは、アルバイトは小遣い稼ぎであると割り切って単純労働に従事している。

一方、雇う側からみれば、当人の思惑の違いを超えて、いつでも切り捨てるこ

とが可能な都合のよい存在と捉えている。

15 　労働者の生活に責任をもたなくてもよいというのは、企業経営者にとって、都合のよい存在である。日本社会では、正社員と非正規社員の待遇格差は極めて大きい。賃金の差だけでなく、社会保険や雇用保障の有無の差が大きいし、正社員は教育訓練費もかかる。正規雇用者は、手取り給与の倍のコストがかかると言われている。企業にとって、訓練を必要としない単純労働力であれば、正社員として雇うより、フリーターとして雇った方がはるかにコストが削減される。特に競争が厳しい、ファーストフード、コンビニエンスストアなどにとっては、貴重な存在なのだ。

16 　フリーター側が、将来のステップとして仕事を考えていたとしても、雇う側にとっては、低賃金労働力としてしか見ていないことがある。［中略］

17 　そこで私は、現在出現しているフリーターの本質を、「夢見る使い捨て労働力」と名づけることにした。フリーターは、客観的に見れば、「安価な使い捨て労働力」であるが、主観的にみれば、「夢を追い求める存在」なのである。

18 ●「夢」と現実とのギャップ

19 　フリーターは、使い捨て単純労働者であるという現実と自分の将来の夢とのギャップをどのように考えているのだろうか。［中略］

20 　実際にデータをみてみよう。ここで使用するデータは、生命保険文化センターが「ワークスタイルの多様化と生活設計に関する調査」として2000年に実施したもので、私は、フリーターに関する調査を担当し、39歳以下未婚で、現職がアルバイト・パートであるものを抽出し、270人の回答を得た。比較のため、同時期に行われた一般就労者調査の中で未婚者を抽出し、一般未婚者のデータとした。詳しくは、『JILI FORUM』10号（生命保険文化センター）を参照していただきたい。

21 　調査によると、フリーターでいることを望んでいる人は、それほど多くない。男性で約5％、女性で約16％に過ぎない。一般未婚者と比べ、公務員が理想という回答が有意に多いのが特徴である。男性は、自由業・自営業希望が多いが、それでも、一般未婚者に比べて少ない。

22 　浪人と比較してみよう。浪人は、自分の現状を肯定しているわけではない。無職であることを受け入れられるのは、1年後に希望する大学に進学しているという夢があるからである。進学という夢の存在が、高卒無職者と浪人を分けているのだ。

23 　フリーターがフリーターであるゆえんは、先ほど述べたように、将来の「夢」を持っているという点に尽きる。ただし、これは、大学進学のように、はっきりしたものとは限らない。生命保険文化センター調査では、フリーターに10年後の

【表】 フリーターの10年後の理想の就業形態（％）

	男性		女性	
	理想	予定	理想	予定
公務員・教員	14.1	6.3	5.0	2.5
大企業の正社員	7.8	3.1	4.5	0.5
中小企業の正社員	29.7	46.9	11.9	11.9
プロとして独立（自営業、自由業）	39.1	21.9	23.9	9.5
このままアルバイトを続ける	1.6	6.3	6.0	14.9
配偶者に生活を支えてもらい自分のペースで仕事	1.6	4.7	30.3	36.8
仕事はしていない（専業主婦、学生など）	—	—	12.9	16.4
その他	4.7	7.8	1.5	3.0
不明	1.6	3.1	4.0	4.5

　理想の就業形態（理想）、及び、実際についていそうな就業形態（予定）について質問してみた。表をみれば分かるように、男性は、理想では、プロとして独立が最も多いが、予定では中小企業の正社員が多くなっている。女性では、理想でも「結婚」に期待する人が多く、予定では、配偶者に生活を支えてもらうと、専業主婦を合わせれば、5割以上になっている。

　全体としてみれば、多くのフリーターが抱くのは、「ささやかな夢」といえる。しかし、そのささやかな夢でさえ、なかなか叶えられないのが現実なのだ。

　読者は、声優や俳優、ロック・スターの妻になるという夢とは違って、消防士志望などは簡単に叶えられる夢と思うかもしれない。しかし、現実はそうではない。大卒25歳のフリーターによると、消防庁採用試験の倍率は、何十倍だそうである。彼も、在学中と卒業後、何回も受けたが全て不合格になったそうである。

　また、わが東京学芸大学は、教員志望の学生が多い。しかし、少子化によって、教員需要は低下している。東京都では、過去、1000人以上募集していた年があったが、近年は、4,500人にまで減少している。そうなると、在学中に合格するのは、志望者の2、3割程度でしかない。試験に落ちても、どうしても教師になりたい人は、非常勤講師などをしながら、毎年、教員採用試験を受け続ける。[中略]

　理想とする将来像に、手が届きそうだけれども届かない、現実に届いていない、これがフリーターに共通する特徴なのだ。

　すると、「夢見る使い捨て労働力」としてのフリーターの抱える問題点が明らかになる。社会が必要としているのは、使い捨て労働力であって、彼らの夢ではない。フリーターの抱く将来の夢は、彼らに単純労働力であることを受け入れさせるためにあるようにみえる。

●「若者の希望」を再建できるか

　「夢見る使い捨て労働力」としてのフリーターがライフスタイルとして成立した二つの条件を考察してみよう。

　一つは、若者にフリーターでいることを許すほど豊かな社会であるという点である。これは、若者が夢を見続けられる条件に対応する。次は、若者をめぐる労働環境が不公平で、若者が仕事に「希望」を見いだせなくなっている点である。こちらは、今の若者が、夢を見ざるを得ない条件に相当する。順に見ていこう。

　フリーターは、失業者でも、ホームレスでも、貧困層でもない。その多くは、親と同居している。収入が低く、社会保険がなくても、リッチで安心した生活が可能である。アルバイト代が全て小遣いに充てられる「パラサイト・シングル」（拙書『パラサイト・シングルの時代』ちくま新書参照）ならば、スキーや海外旅行だって行けるだろう。たとえ、親の援助がなくても、豊かな社会が、フリーターを支えている。若ければ、自分一人が食っていく位のバイトがいくらでも見つかるし、病気になっても福祉が支えてくれる。

　つまり、家族から支えられているか、家族を支える責任を免れているから、フリーターを続けていられる。［中略］

　次に、フリーターが「夢」を見ざるをえない状況を考察していこう。

　若者たちの言う「希望する職業につけないからフリーターにならざるを得ない」というのは、正しい。例えば、学習院大学教授の玄田有史氏は、日本において若者に不利な就業構造（年功序列賃金、新卒採用抑制による雇用調整など）が、フリーターを生み出す元凶であることを強調している。

　しかし、私は、単なる不利という以上に、今の労働環境が、若者にとって希望をもてない状況であるという社会心理的要因が大きいと見ている。「夢は見られるが、希望（ホープ）がもてない」というべき状況なのだ。

　夢と希望は異なる。私が強調したいのは、この点である。［中略］

　希望という感情は、努力が報われるという確信によって生じる。逆に、努力してもしなくても同じだと考えれば、失望感が生まれ、やる気が失われるのである。

　ここで重要なのは、希望は、好きなことをやっているかどうかとは無関係であるということだ。高度成長期に正社員として勤め始めた若者の多くは、自分に合った仕事をやっていたわけではあるまい。しかし、当時の若者は、希望をもつことはできたのである。仕事を頑張れば、上司に認められ、将来給料が上がり、豊かな生活が築けるに違いないと思えたからに他ならない。今やっている仕事がいずれは報われるという確信があれば、苦労があっても、自分に合わないと思っても、希望をもって生きていけるのだ。

ところが、今、若者をとりまく就業環境は、若者の希望をかき立てるものであろうか？　フリーターが現にしている単純使い捨て労働に払う努力が、将来「報われる」と感じることは不可能に近い。報われるということは「社会の役に立つ」ということでも、「賃金が貰える」ということでもない。将来、彼らの努力が、目に見える形で評価されるはずだという期待である。[中略]

　現実の社会に希望がないので、若者は「夢見る」ことに追い込まれているともいえる。

　しかし、フリーターが夢から醒める日がいつか来る。豊かな生活を支える親が弱り、自らも年を取り単純労働力として使い捨てにされそうになった時、夢を諦めて、現実と妥協する必要が起こる。その時、フリーターは、夢を見た代償を払わなくてはならない。

　何事にしろプロとして独立することは、就職するより難しい。公務員や教員には受験の年齢制限があり、採用数は減る一方である。いくら大企業の中途採用が広がっているといっても、職業能力を身につけなかったフリーターは、明らかに不利である。実際、先の調査で、職業能力を高める努力をしていると答えた人の割合は、一般未婚者の方がフリーターより高く、「努力しないで済むなら働きたくない」と思っている人の割合はフリーターの方が高いのだ。日本では、職業能力を獲得する場合、企業内教育が、いまだ主流である。今後、企業が、フリーターを正社員として積極的に雇うとは考えられない。[中略]

　日本社会も、フリーターを生み出した代償を払わねばならない。確かに、フリーターが若いうちは、企業にとって都合のよい使い捨て労働力かもしれない。150万人とも200万人とも言われる元若者が、夢も希望も失い、熟練した職業能力ももたず、子育てという責任を果たさずに、町に溢れだす事態にならないとも限らない。社会保障費用負担が増大し、少子化の原因になるという形で、社会のお荷物になっていく可能性は高い。

　そうならないためには、職業世界における若者の希望を再建するしかない。それは、仕事の上で努力するものは性別、年齢にかかわらず評価され、地位を与えられ、既得権の上にあぐらをかいて努力をしない人が評価されず地位を失うというシステムを構築することによってもたらされよう。厳しいシステムと言われるかもしれないが、希望を削ぐ社会より数段ましだと私には思える。

（山田昌弘「フリーター200万人に明日はないさ」『文藝春秋』2001年7月号、文藝春秋社）

[資料] 2-B 決めつける若者

●俺はあいつらとは違う

すべてのフリーターが、消極的な理由から、何となくフリーターをしているわけではない。大きな夢を持っていて、その夢を追い続けるためにフリーターをしているという人々も多い。

フリーターには大きく分けて二つのタイプがある。ひとつは「決められないフリーター」であり、もうひとつは「決めつけるフリーター」である。若者を取材していて、おぼろげながらそんな実態が見えてきた。モラトリアムを延長しながら、自分に合った道を模索し続けるフリーターが「決められない若者」だとすれば、もう一方には明確な目標を持った若者がいる。後者は、ちょっとばかり立派そうにみえる。世間でも、同じフリーターでも、「何となく」フリーターをしている者には批判的だが、何らかの目標を持っている若者に対しては、割合に好意的な大人が多い。「いいじゃないか。夢を追えるのも才能のうちだよ」などという意見まである。

また、この「目標」ないしは「夢」の有無を分岐点にして、フリーター同士のなかでも、階層分化、階層対立があるようだ。具体的な目標を持っていること自体が、彼らのあいだでは、一種のステイタスとして機能しているらしい。もっとも、あまりに現実離れした「夢」は、揶揄の対象になったりもするようだが。

だが、目標があっても、その目標にいつまでも到達できなければ、実質的にはモラトリアム再延長と変わらない。彼らは「決められない」段階はクリアしたが、今のところは、まだ「決めた」のではなく「決めつけた」のに過ぎない。だからけっきょくは、まだ「決まらない」のだ。本当に「決まる」ためには、相手（会社なり、独立なり、アーティストとしての成功なりを認めてくれる相手）の同意なり承認がなければならない。職業として成立するためには、一定以上の他者の評価が必要となる。同意なしの決定は、「決めつけ」なのだ。

決めつける若者。ここにフリーターの、もうひとつの苦悩がある。もちろん「決めつけ」たことを出発点として、努力を重ねて成功に至るケースもある。成功者は、必ずこの苦難の道筋をたどった（人によって、長くさまよう努力家もいれば、あっさりとかけ抜ける天才もいる）。

目標を持って生きることはすばらしいという近代の個人主義的理想は、前近代

の身分制度を乗り越える過程では、必要なイデオロギーだった。だが、誰もが自分の就きたい職業に就けるわけではないというのもまた、厳粛な事実である。

それでも、若者たちは「仕事」への純粋な想いを、口にする。

「やっていて楽しいと思えることを、仕事にしたい。仕事自体を楽しいと感じられない人生はつまらない」

「やっていて、それが生き甲斐になるような仕事がしたい。生き甲斐になるような仕事に就けば、自分はとてもがんばれるはずだ」

「好きでもない仕事をして、ただ日々の生活のためのお金を稼ぐ。それで満足できる人は別にかまわないけど、それだと人間的な成長がないし、充足感が得られないのではないか」

それほどに憧れる「夢の仕事」を自分のものとするために、彼らはどのように取り組んでいるのだろうか。また周囲は、彼らをどのように遇しているのだろうか。

夢を追う若者に対して、大人がいうことは決まっている。

そんな、やり甲斐が詰まっているような仕事は、ごく僅かしかない。例外でしかない。本当に自分のやりたいことをして食べていけるのは、ごく一部の才能のある人、いわば選ばれた天才だけだ。ふつうの人たちは、我慢しながらこつこつと仕事をして、家族を養ったり、日常生活のなかにささやかな幸せを見つけていくものなのだ、と。

しかしこれは、「自分は選ばれた天才かもしれない」と信じている若者に対しては、なんの説得力も持たないだろう。若者たちは、「自分こそはその例外的な成功者になるのだ」と信じているのだから。「なぜなら自分には才能があるのだから」と。

現在、マンガ喫茶でアルバイトをしている特撮マニアのD君（28歳）は、漫画家もしくはアニメ原作者を目指している。子供の頃からアニメが好きで、中学生の頃に「アニメーター」という仕事があることを知ってからは、それになりたいと考えていた時期もあるという。

彼は自分の志望進路をめぐって、親と何度も衝突した。中学・高校時代には、大切にしていたアニメ情報誌を勝手に棄てられてしまい、自室に鍵をつけた。親は大学受験を押しつけた。何校か受験し、合格したところもあったので、一度は入学したものの、間もなくつまらなくなって行かなくなってしまった。そうやって大学に２年間在籍した後、親が折れたので、行きたいと思っていた専門学校でアニメの勉強をすることになる。

しかし卒業後、希望していたような形でのアニメ製作会社からの求人はなかった。その頃は「アニメーターは自分で作画を出来るわけではなく、ストーリィ作りに携われるわけでもないと分かったので、原作者になりたいと思うようになっ

ていた」という。そこで今では、フリーターをしながらマンガ同人誌を発行。「絵よりもストーリィのほうが好き」なので、絵が得意な仲間と組んで作品を作っている。

19 　同人誌はコミケで売り、そこそこの人気があるらしい。だが、それだけで生活が成り立つほど売れるわけではない（一説によると、今やコミケ市場は、かなり大きくなっており、同人誌漫画家といえども、それだけで十分に生活できる人もいるそうだ）。また、期待したようには、商業出版社から声はかからない。

20 　D君は「親が理解がない」と何度かこぼしていた。「もっと集中できる時間さえあれば、自分は成功していたと思う。だけど、あれこれ無駄な労力を費やしているうちに、こんな歳になっちゃった。マンガの世界では、この歳では、もう年寄りですよ」と。「自分は無理解な親に才能を潰された」とまで言った。

21 ●才能はどうやって測ればいいのか

22 　彼の言い分を、そのまま鵜呑みにしていいものかどうか、私は判断に苦しんだ。

23 　そもそも才能とは、何だろうか。才能は、具体的にはどうやって測ればいいのだろうか。極端に下手とか、誰が見ても明らかに天才というレベルなら、悩むことはない。問題は、そこそこに上手だ、という場合。それがプロとして通用するかどうかの判断は、きわめて難しい。

24 　これまでプロデビューしていないのは、才能が足りないからではないのか、とも思える。だが、プロとして立つためには、才能以外に、運も大きく作用するし、努力も必要だ。努力は活動に費やした時間に比例する傾向があるから、その意味では、他のことに時間を費やしたのはマイナスだったかもしれない。だが、それをもって自分の不成功の責任を、親に着せていいものだろうか。

25 　ふと思い付いて、私は「どうして専門学校進学を反対された時点で、家を出なかったんですか」と尋ねてみた。
　「家を出ちゃうと、かえっていろいろ面倒なことを自分でやらなくちゃならなくて、結局、時間がなくなっちゃうから」というのが、その答えだった。

26 　厳しいようだが、「時間がない」と言って諦めてしまえる者、「しょうがない」と言って挫折から立ち直れない者は、そのことをもって、やはり才能がなかったのだと言わざるを得ないのではないか。

27 　いやしくも才能とは、その程度の外的要因で放棄してしまえるようなものではない。何があろうと、どんなに邪魔をされようと、ときには弾圧されて生命の危機に脅かされようとも、やめることが出来ないのが、本当の才能だ。ときには「もうやめたい」という当人の意志に反してさえ、才能はその人に仕事を続けることを強いるものなのではないだろうか。

だいたい、自分個人の「夢」を追うのに、親が協力しないというのは、自然な、むしろ世間の大多数の成功者も一度は経験する事態ではないかと思う。その点で、こういうことも考えられる。自分の親を納得させるのは、自分の「才能」を確認する初期ステップのひとつである、と。[中略]

　たしかに実際、周囲の無理解や生活苦などといった悪条件のために、才能がありながら、チャレンジの機会を持たず、「才能が埋もれてしまう」ことも、ないとはいえない。だが、数十年間、生活のために別の仕事をしたとしても、本当に才能があれば、第二の人生で、それを開花させるということがあり、才能が埋もれたままということはないのではないか、とも思われる。小説や俳句などの世界では、ままこのようなケースがある。定年を迎えて書き出した作品が、脚光を浴びるということだってあるのだ。

　そして、本当にその人に才能があれば、数十年間、別の仕事をしたという経験は、その人の才能を鈍らせるものではなく、むしろ才能を開花させるために役に立つのがふつうだ。長い眼で見れば、あらゆる努力、あらゆる経験に無駄はないのだ、と私は思う。

「今後フリーターになるかも」

今春の新入社員の3割、「今後フリーターになるかも」

　今春、正社員として企業に就職した新入社員の約3割が、「今後フリーターになるかもしれない」と考えていることが、財団法人「社会経済生産性本部」などの意識調査で分かった。

　調査は、この春入社した男女約3800人を対象に実施。進路を決めるにあたり、「フリーターになってしまうかも知れないと思った」と答えた人は全体の35％に上り、最終学歴別では短大卒、普通高校卒の半数近くを占めた。

　さらに、全体の21％が「別にフリーターでも構わないと思った」と回答。厳しい就職戦線を勝ち抜いて正社員の座を獲得した新入社員たちだが、今の会社で継続して働くかどうかについては「状況次第で変わる」が45％、「フリーターになる可能性がある」という答えも31％に上った。

　また、「いずれリストラされるのではないかと不安」と答えた人は昨年より4ポイント減の36％、会社の倒産や破たんを心配する声も6ポイント減って21％だった。

　同本部では「今の新入社員は会社の将来にはあまり興味がなく、自分らしさを追求する傾向がある。雇用や経済の不安定さが当たり前のようになった今、若者たちの間ではフリーターも『可能性の一つ』として根づいてしまっているようだ」と分析している。

（『読売新聞［ヨミウリ・オンライン］』2004年6月17日付
http://www.yomiuri.co.jp/ ）

31　●フリーターで「独立修業」

32　フリーターをしながら目指している「夢」にも、いろいろなタイプがある。

33　E君（26歳）は、これまでフリーターとしていくつかの飲食店ではたらいてきた。現在も、ある居酒屋チェーン店に、やはりフリーターとして勤めている。

34　E君は将来、自分でも飲食店を経営したいと考えていて、そのためにフリーターをしているのだと言う。「フリーターだから、いろんな店に勤められるし、そうすると、それぞれのいいところ悪いところを見極めて、自分なりの店づくりが出来るようになると思う」と彼は言った。

35　たしかにE君は、彼なりにきちんと目標を決めて歩いているように思われた。だが、彼の行動が本当に彼の目的に適合しているのかどうかについては、ちょっと疑問があった。たとえば同じ目的のために、居酒屋に正社員として勤めるのでは、なぜ駄目なのか。

36　私はE君に、その点を尋ねてみた。

「駄目じゃないけど。うちの店は店長とチーフ・マネージャー以外は、みんなバイトなんですよ」
私「店長とバイトの仕事は、どこが違うんですか」
「よく分からないけど。店でやってる仕事の内容ってのは、変わらないかな。注文聞いたり、厨房に通したり、料理を運んだりを店長もするし。でも、店長は大変ですね。お金のことも見なきゃいけないから。それにノルマとかあって、本部からいろいろ言われたりとか」
私「店の運営は店長が本部の指示を受けてやっているわけですか」
「大筋ではそうだけど。でも、現場の意見も、けっこう聞いてくれますよ。ミーティングで、こうしたほうがいいんじゃないか、とか意見を言うと、結構、それを取り入れてくれる。そういう点、今の店はいいです」
私「そうじゃない店もあった？」
「ありましたね。バイトは黙ってろ、とかって感じの店。でも、そういう店は駄目ですよ。だってほら、実際、現場にいるのはほとんどバイトだったりするから」
私「それじゃあ、今のお店では、店長でもアルバイトでも、全体を見通す目というか、目配りは、あまり変わらないということになりますね」
「うーん。まあ、そう」
私「とすると、店長はバイトとどこが違うと思いますか」
「休みがないし」

私「ぜんぜん、休めない？」
「いや、そういうわけじゃないけど。ほとんど休日は取れない」
私「でも、もし自分で店を持って自営するつもりなら、その前に正社員になって、店長を経験したほうがいいんじゃないですか。経営面のノウハウは、店長を経験したほうが、よく分かるでしょう」
「ぼくはあんまり、お金のことは考えない店をやりたい」

　誤解しないで欲しいのだが、E君は決していい加減なわけではない。また私は彼に絡んでいるわけでもない。ただ、彼と話をしながら、何か奥歯にものが挟まったような、もどかしい感触を感じ続けていたことは事実だ。
　しかしここまで食い下がったとき、彼は次のように漏らした。「本当は、店長に採用されるといいんだけど、うまくいかないんで」と。
　そして彼は、その「告白」を糸口に、それまで語っていた「夢」とは遊離した現状を、語ってくれた。
　彼は週6日間、44〜46時間はたらいているという。フリーターというと、もっと楽なはたらき方をしているのかと思ったが、私より勤勉にはたらいているのであった。
　リクルートワークス研究所が2001年に行った「非典型雇用労働者調査」によると、フリーターのうち、半数を超える51.2パーセントは、週40時間以上労働をしているという。雇用契約の形態が違うだけで、労働時間は正社員並みなのである。
　E君によれば、現在の職場ではチーフ・マネージャーも店長も週60時間以上はたらいているという。しかもノルマが厳しく、月例評定での配置転換は当たり前で、ときには月半ばで本部に呼ばれて転属になるケースもあるという。その結果、正社員に上がっても、すぐに退職せざるを得なくなる事例も多いとか。
　E君が独立を志望しているのは、「本当は自分の店を持つのが夢だから、とかそういうポジティブな理由からではない」という。「このままではいられないし、正社員になれる見込みもない。なっても辛い」という現状を踏まえて、「自分の居場所は自分で作らないと、どこにもない」と感じているからなのだ。それでも、飲食店をやりたいというのは、お客さんが楽しそうにしているその場が好きだからだという。自分が仕切る空間、自分の出す料理に、みんなが喜んでくれたら、自分も幸せになれるはずだ、と彼は語ってくれた。

（長山靖生『若者はなぜ「決められない」か』筑摩書房、2003年）

テーマ5
ポップ・カルチャー

日本のマンガ

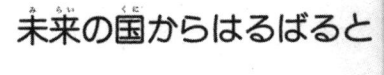

(左：藤子・F・不二雄『ドラえもん』1巻、てんとう虫コミックス、小学館、1974年
右：柴門ふみ『東京ラブストーリー』1巻、小学館文庫、1995年)

[資料] 1 「越境する文化」の時代をむかえた地球

●「越境する文化」とは何か

「越境する文化 (transculturalité)」という現象についてお話ししたいと思います。異なる文化間にはさまざまなコミュニケーションがあるものですが、それは「文化」対「文化」の影響関係にとどまるものではありません。文化は交流、合体、影響を繰り返し、新しいものを創出したり、すでにある文化をより豊かにしてきました。たとえば、「絹の道」を介した東アジアとヨーロッパとの文化的交流は、ギリシャ風の仏教芸術という──ギリシャ美術とも伝統的な仏教美術とも異なる──まったく新しい文化を生み出したのでした。

ヨーロッパの文明や文化において、「越境する文化(トランスカルチュラル)」という現象は新しいものではありません。18世紀のパリに生まれた啓蒙思想や19世紀のイエナに誕生したロマン主義はヨーロッパ全域に広まりました。シュールレアリスムはヨーロッパの枠を超えて世界に広まっていきました。今日、「越境する文化」という現象は「地球の文化」というものを生み出そうともしています。

西洋の帝国主義を批判的に分析したカール・マルクスは、文学について「国や地方に属する固有な文学がやがて普遍的な世界文学を生み出す」と予見しました。普遍性のある文学とはどういうことでしょうか。世界中の人々が同じ文学を読むということではありません。それは、西洋人が日本や中国の小説、アフリカや中南米の小説を読み、中南米の人々も自分の属する地域以外の文学を読む、このような相互の交流によって、ある「地方」に生まれた文学が「普遍性のある世界の文学」となっていくということを意味します。

音楽においてもグローバル化の現象は存在しています。まず、西洋音楽が世界に広まりました。日本人の指揮者やニューカレドニア出身の歌手が活躍するように、西洋音楽は世界中で演奏されています。一方、最近の傾向として、ヨーロッパは、アラブ、インド、日本、中南米、アフリカなど、世界中の音楽に門戸を開き、受け入れるようになってきました。

映画について、アメリカ映画が世界の映画市場を支配していることを指摘するだけでは充分とは言えません。たとえば、フランスをはじめとしてヨーロッパでは、インドや日本、中国などの映画が配給されるようになってきています。こうした「トランスカルチュラル」な市場の成立は、それぞれの国や地域から生まれ

た固有の文化として映画を守るだけでなく、あらたな映画製作の可能性を広げることにも貢献しています。黒澤明の映画はフランスや他の西欧諸国の映画文化に受け入れられ、新しい市場を見出したことにより、黒澤はさらに映画を撮り続けることができたわけです。また、アンダルシア地方の固有な文化であるフラメンコをはじめとして、世界に無数に存在する地方に根付いた芸術表現や芸術様式の多くが、そのオリジナルのスタイルは遠く離れた異国のアマチュア愛好家によって守られているという現象もあります。

07　思想や学問、文明などの動きはきわめてゆっくりしたものです。ヨーロッパで『易経』や『バガヴァッド・ギーター』（インドの古典『マハーバーラタ』の一章）など、アジアの古典文献が翻訳され、非西洋地域の文明についての研究が始まったのは19世紀になってからのことです。20世紀に入ると文明史の研究が進み文学作品も紹介されるようになり、20世紀末には東洋の思想や宗教のいくつかの要素が欧米に入り込んで影響を与えるようになってきました。たとえば、仏教はアメリカやヨーロッパにも信者を得て、その思想がよりよく理解されるようになりました。東洋医学も認知され、鍼治療はヨーロッパの大学の医学部や病院に導入されています。西洋哲学は非西洋の哲学よりもすぐれており、支配的な立場にあって当然である、というような考えはたしかにまだ残っています。しかしながら、「越境する文化」の時代をむかえ、ヨーロッパは世界の中心ではなく、理性や真理を独占的に所有しているわけでもないことが理解されてきています。要するに、ヨーロッパもこの地球上の一つの地方にすぎないと認識するようになってきたわけで、これは重大な転換と言わなければなりません。

08　●産業化される文化――「生産」と「創造」の葛藤

09　今度は「越境する文化」という現象について、メディア文化や大衆文化の視点から考えてみたいと思います。この分野でも普遍化への大きな流れが認められますが、それは標準化、あるいは画一化、単純化が勝利したことを意味するのでしょうか。たしかにそういう面はありますが、それだけではありません。映画を例に説明しましょう。実に多くの要素で構成される映画は、俳優、音楽家、装飾家、衣装係など、さまざまなアーティストが参加する共同作業で作品ができあがるもので、芸術製作の方法という点で大きな革命を引き起こしました。一方、ハリウッドでは、最大利益の追求という論理のうえに映画産業なるものが発展しましたが、その過程で作品を画一的にそして凡庸なものにしてしまうことも少なくありません。そして、ここにもパラドクスが生じています。つまり、文化産業というものは独創性や個性、あるいは才能と呼ばれるものを排除することはできない、むしろ必要としているということです。映画を作ることと自動車や洗濯機を作ること

とは同じではありません。何らかの標準的な製作方法によって構想された映画であっても、やはり個性、独創性、独自性というものがあるはずです。文化産業に属するものはすべて——映画がその典型例と言えますが——その中核部分に絶えざる対立があり、しかもその対立は相互補完的でもあります。すなわち、「創造（création）」という個別的で芸術的なものと、「生産（production）」という産業的で商業的なものが対立すると同時に互いに補い合う関係にあるのです。この対立は時として「生産」が「創造」を抑圧したり、押しつぶしたりする事態を招き、その結果、エーリッヒ・フォン・シュトロハイムやオーソン・ウェルズのようにハリウッドから立ち去ることを余儀なくされた映画人もいます。しかしながら、一方では芸術的創造性ゆたかな作品が絶えることなく作られてきました。もちろん、ステレオタイプで画一的な作品も存在しますが、それでもステレオタイプをほとんど神話のようなアーキタイプ（原型となる作品）に変えてしまうような力のある作品があることもやはり事実です。たとえば、ジョン・フォードによる西部劇の名作はそのような神話性をもったアーキタイプと考えられると思います。

文化産業は、創造性や芸術の可能性を破壊すると同時に呼びさますという矛盾を抱え、しかもこの内なる矛盾によって活力を与えられています。この矛盾は一方で集中型で官僚的、資本主義的な組織体制で文化を「生産」し、また一方で「生産」される作品には独創性や創造性が要求されるという対立に進展します。この意味において、「生産」は「創造」を必要としているわけです。同じような対立は文化を受容し、消費する一般の人々にも見出すことができます。標準化された作品に満足する人々が多いことは事実ですが、文化を受容する方法や形態の個別化も進んでいます。これはメディア文化に顕著である「トランスカルチュラル」な現象と考えてよいでしょう。このようにグローバル化や普遍化のプロセスは画一化や均質化だけでなく、創造性や多様性や個別化をともなうものです。そして、この対立と葛藤がある限り、文化的な活力は保たれるのだと思います。

●地球のフォークロア

文化が普遍化していく過程で地球規模のフォークロアが成立します。地球のフォークロアというのはアメリカ映画の神話性のある作品だけではなく、フランスで言えば『三銃士』のような冒険活劇小説、ローマ帝国の伝説や神話、あるいはその他の地域の冒険譚などを土台に、つまりある地域の文化を基盤に作品や文化の無数の出会いによって形成されていくものです。世界各地に広まった地球のフォークロアの例として、ニューオリンズを基点としながら、さまざまなスタイルに枝分かれしたジャズがまず挙げられます。他にも、ブエノスアイレスの港湾地区で生まれたタンゴ、キューバ発祥のマンボ、ウィーンのワルツ、アメリカ生

まれのロックなども地球のフォークロアと言えるでしょう。とくにロックは、インドのラヴィ・シャンカールのシタール、ウム・カルスームのアラブ歌謡、アンデス地方のワイノなどを取り込み、地球のフォークロアとして一層豊かなものになりました。

13 　このフォークロアのより深いところで何が起こっているかというと、それは文化の「混淆・異種交配（métissage）」と「共生（symbiose）」です。たとえば、ジャズはアフリカ系アメリカ人のハイブリッドな音楽としてニューオリンズに誕生しました。その後、さまざまに変容を繰り返しながらアメリカ全土に広まりますが、新しいスタイルのジャズがそれ以前のスタイルを消去してしまうことはありませんでした。やがて、黒人だけでなく白人もジャズに耳を傾け、踊り、そして演奏するようになり、黒人と白人とが共有する音楽となったのです。こうして次々と新しいスタイルのジャズが世界中に広まり、演奏される一方で、発祥の地で忘れられていたニューオリンズの古いスタイルが外国から里帰りをするということもありました。ジャズにみられるような現象は数多く、世界中に広まっているロックはまさに「越境する文化」を実現してきたと言えます。一例を挙げれば、ロックと北アフリカの音楽とが出会い、両者の混淆を経てライという新しいジャンルが生まれました。さらに、ワールドミュージックと呼ばれるジャンルになると、単に複数の音が混ざり合うだけでなく、世界各地のリズム、主題、音楽性が出会い、予期せぬ結びつきから新しい芸術が生まれます。こうした結びつきは好ましくない結果を生じることもありますが、多くは素晴らしい結果を生み出して、世界の音楽文化は地球時代の申し子であることには気が付かぬままに互いに豊かになっていくのです。

14 ●**文化の独自性を守りながら、雑種性・混淆を促すこと**

15 　これまで述べてきたグローバル化のさまざまな現象が進行すると同時に、自らの根源、ルーツに回帰しようという動きも生じています。その現象は音楽の分野でとりわけ顕著に認められるものです。フラメンコについてお話ししましょう──私はジャズだけではなく、フラメンコの大ファンでもあるので個人的な思い入れがたいへん強いのです。一時期フラメンコはその発祥の地であるアンダルシア地方で消滅しかけていましたが、自分たちのアイデンティティを守ろうとする若い世代によって復活することになりました。さらに、CDや公演の国際マーケットがこの「復活」を後押しして、世界中でフラメンコ愛好家が倍増しました。パリには倉庫を改造したフラメンコ・クラブがあり、スペインからフラメンコ舞踊団がやって来て上演しますが、その後彼らはヨーロッパ各地を巡業して回ります。こうした経験がフラメンコ自体にあらたな活力を与え、フラメンコは本来の芸術

として活性化され、復活する一方で、異なる音楽形式とも結びつき、源泉への「回帰」と「混淆」という対立しているかにみえるけれども、実は相互補完的なプロセスを体現しています。ヨーロッパではバスクやケルトなど、そしてアフリカやアジアにおいても、若い世代が伝統的な音楽を、楽器を、歌を守ろうと必死になっています。ここでも「トランスカルチュラル」な市場はそれぞれの音楽の伝統を守る運動を支えながらも、同時に音楽的な多様性を育んでいるのです。

　固有の文化を守らなくてはならないが、同時に文化は世界に向かって開かれなければならない——このように、私たちが直面する文化の問題はきわめて複雑なものです。この問題を考えるにあたって、いかなる文化もその起源においては純

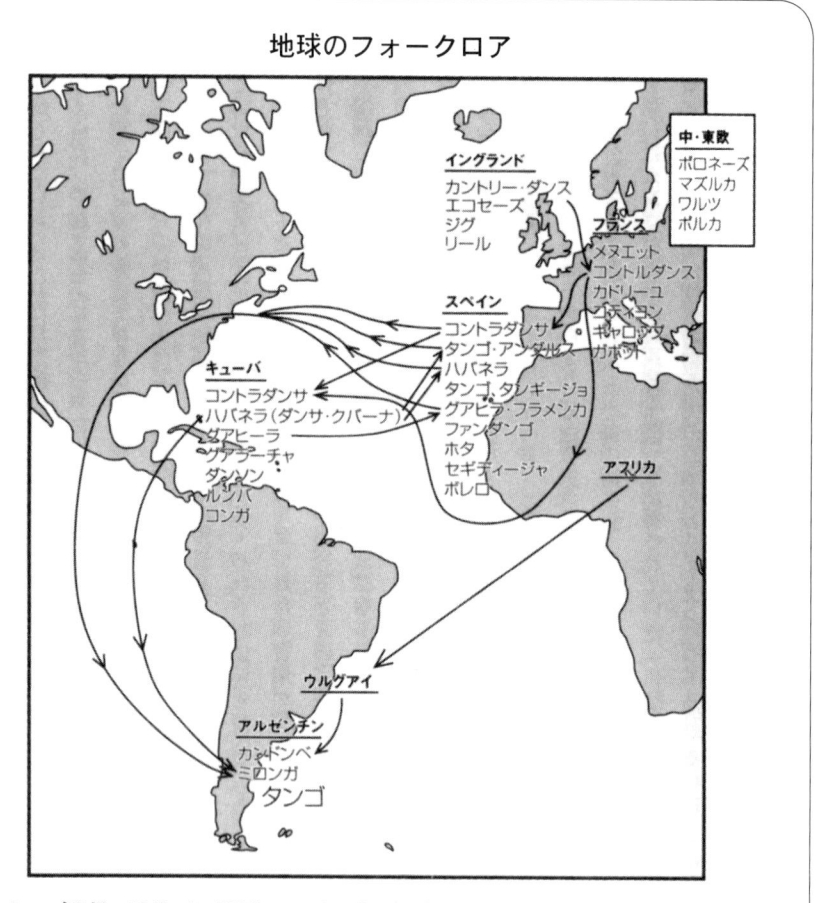

地球のフォークロア

中・東欧
ポロネーズ
マズルカ
ワルツ
ポルカ

イングランド
カントリー・ダンス
エコセーズ
ジグ
リール

フランス
メヌエット
コントルダンス
カドリーユ
ギャロップ
ガボット

スペイン
コントラダンサ
タンゴ・アンダルス
ハバネラ
タンゴ・タンギージョ
グアヒーラ・フラメンカ
ファンダンゴ
ホタ
セギディージャ
ボレロ

キューバ
コントラダンサ
ハバネラ(ダンサ・クバーナ)
グアヒーラ
ダンソン
ルンバ
コンガ

アフリカ

ウルグアイ

アルゼンチン
カンドンベ
ミロンガ
タンゴ

タンゴ発祥の時代（19世紀）にいたる舞踊分布図
　17世紀から欧州で行われていたカントリー・ダンスに東欧発祥のワルツやポルカが影響を与え、キューバに渡ってハバネラとなり、アフリカ黒人の踊りの要素も加えながら、南下してやがてミロンガ、タンゴへと変わっていく。

（石川浩司『タンゴの歴史』青土社、2001年）

粋なものではないということをまず理解しなくてはなりません。いかなる文化も、その起源においては接触や結合や融合や混淆があり、純粋なものではありません。また、文化というものは異質な要素を自らのうちに取り込み、同化させることができますが、これは充分な活力を持った文化であればの話です。活力が充分でない文化は、より強い文化に同化し、支配され、そして自らは解体してしまうこともあるでしょう。文化というものはすべからく豊かなものですが、不完全なものでもあります。ちょうど人間と同じで、よいところもあれば欠点も欠陥もあり、常に突然の死を迎えるかもしれない危険とともに生きているのです。

17　私たちには二つの相矛盾する複雑な至上命令が下されています。その矛盾を解消することはできませんが、この矛盾こそが諸文化の生命には必要だとも思います。その二重の命令にしたがって、私たちは諸文化の独自性を守ると同時に混淆や雑種性を促していかなくてはなりません。文化的アイデンティティを守ること、雑種的でコスモポリタンな普遍性を押し進めること——雑種性が個々の文化のアイデンティティを破壊する可能性があったとしても、この二つを結びつけなくてはならないのです。

18　どうすれば、「解体」することなく「統合」することが可能なのでしょうか。この問題はアマゾン・インディアンやイヌイットのような少数民族にとっては深刻な問題を投げかけています。というのは、彼らにとって「統合」はポジティブなものではなく、むしろ文化あるいは社会そのものの解体を意味することにもなるからです。技術や医学など、現代文明から有益なものを取り入れてもらうことは望ましいと思いますが、同時に彼らが代々伝えてきた民間療法、シャマニズム、狩猟の技術、自然についての知恵などを守っていけるように支援しなくてはなりません。伝統と近代、文化と文化の架け橋が必要になるわけですが、人種的混血だけではなく、むしろ文化的に混血の人々がその架け橋の役割を果たすことができるではないかと私は考えています。

19　今日の文化のグローバル化の進展はメディアネットワークや再生技術（DVDやCD）の世界的普及と分かちがたい関係にあり、インターネットとマルチメディアがすでに述べたような多様性や、競合・対立するプロセスすべてを加速し、増幅させていくことは間違いありません。しかしながら、私は書物が消滅してしまうとは思いませんし、映画がテレビに圧倒されて消滅するとも思っていません。書物は思索と孤独と再読の友として、映画は映画館の暗がりのなかで共感をもたらすものとして、つまりは文化として生き残り、それぞれへの回帰現象すら起こるように思います。

20　画一化や利益追求のプロセスは急激に進展していますが、にもかかわらず多様化のプロセスと個人化・個別化への要求によって逆向きの運動も起こっています。

こうしたさまざまな、複雑なプロセスは、地球全体の「越境する文化」という視点からみると、プラスの面とマイナスの面があり、あくまで両義的で不確実なものにしかみえず、結局、いまの私たちには評価は下せないのです。このプロセスの評価は、つまり私たちの現在の社会が不毛であったのか、豊かであったのかについての評価は、未来にこの時代を振り返ることによってはじめて可能になるのでしょう。

(エドガー・モラン「「越境する文化」の時代をむかえた地球」、根本長兵衛監修『グローバル化で文化はどうなる？——日本とヨーロッパの対話』藤原書店、2003年)

ジャズの歴史についての参考文献

資料1で、文化の「混淆・異種交配」と「共生」の例としてジャズがとり上げられました。ジャズについてもっと知りたい人は、以下の図書にあたってください。
- 副島輝人『現代ジャズの潮流』丸善ブックス004、丸善書店、1994年
- 大和明『ジャズの黄金時代とアメリカの世紀』音楽之友社、1997年
- 小川隆夫『ブルーノートの真実』東京キララ社、2004年

課題　資料1から資料2へ

まとめよう

[1] 筆者は文化が越境することに伴う現象をどのように整理したか。
[2] 「越境する文化」の時代を筆者はどのように評価しているか。

課題

日本のポップカルチャーを具体例として、「越境する文化」を、定着へのプロセスと他の文化を受容する人々の意識の視点からとらえ、自分の考えを整理せよ。

◆資料2A　マンガ・アニメのグローバライゼーション
◆資料2B　プチブルの暮らし方——中国の大学生が見た日本のドラマ

資料2のキーワード

> グローバライゼーション　　ローカライゼーション　　イメージ同盟
> マンガ・アニメ　　トレンディドラマ　　ライフスタイル

資料2を読もう

[1] どちらかの資料を選択せよ。
[2] 選んだ資料から、次の点をすべて含めてまとめよ。
　　1) 筆者が主張していること・伝えようとしていること
　　2) 1)の論拠
　　3) あなたの考え
[3] もう一歩先に進みたい人へ
　　[2]の参考になる資料があったら、付け加えてまとめよ。

[資料] 2—A マンガ・アニメのグローバライゼーション

● マンガ・アニメ・ロード

　日本のマンガやアニメが、海を越えて盛んに海外に進出している。その現況は、新聞や雑誌でも紹介されているとおりである。ではマンガとアニメはいかにして言語、文化、社会、政治の境界線を越えることができたのか。本稿ではその問題を論じてみたい[1]。なお、後述するように、マンガとアニメとは相互に補完的な産業構造をつくりあげており、その両者の関係は、ボーダークロッシングにおいて決定的に重要な役割を果たしている。したがって、本稿ではマンガ、アニメを一括りの対象として論じる。

　マンガ・アニメは、日本という地球上でのローカルなマーケットから、グローバルなマーケットへと飛翔していった。ところが世界というマーケットは、ひとつの均質な場ではなく、香港、台湾、タイ、インドネシア、フィリピン、イタリア、フランス、アメリカといった多くの多様なローカル・マーケットによって構成されている。マンガ・アニメはどのような翼を用いてローカルな場から飛び立っていったのか、そしてアジア、欧米各地のローカルなマーケットに着地してどのように消費されているのか。この問題は、一般的には次のように言い替えることができる。すなわち、「グローバライゼーション」にあっては、GO GLOBAL の局面と、GO LOCAL という局面、このふたつの過程が同時に進行する。ハリウッド映画が日本の映画市場を席巻したからといって、それがただちに日本のアメリカ化を意味するのではないように、日本で生まれたマンガ・アニメが東南アジアの各地で売れているからといって、そのことがそのまま東南アジアの日本化を意味するわけではない。グローバライゼーションの分析には、受容サイドで一体何が起こっているのかという「ローカライゼーション」[2]の分析が欠かせない。

　マンガ・アニメの海外進出、なかでも GO GLOBAL の局面は、決して政府の輸出振興策であるとか、あるいは出版資本、広告会社の市場開拓戦略にしたがって、システマティックに展開してきたのではない。その初期には、各地のさまざまの「ファン」によって、ほとんど無秩序に、草の根レベルでの需要として始まった。たまたま夏休みの日本旅行でアニメと出会ったり、留学中にマンガを読む習慣を身につけたり、という段階の後には、兄弟姉妹、高校や大学のクラスメートやルームメイト、次には、求めて友人や親戚に送ってもらう、さまざまの言語に

翻訳された海賊版の流通網を探し当てる、インターネット網を通して情報を交換する、そういった需要先行型の混沌のなかから、世界各地でマーケットは生まれてきた。そうして出現したマーケットへ向けて、出版資本や仲介代理業者、広告業界、テレビ局などが参入した。そしてそれがさらにまた二次的、三次的な、より広範囲の草の根レベルの需要を喚起していった。たとえば、バンコクに留学していたベトナム人の学生が、テレビ、マンガで馴染んだ「ドラえもん」のファンになり、ベトナムにもどった後、タイ語からベトナム語に翻訳した海賊版を露店や口込みで売る、そういったことが各地で起こっている。

05　同じことが GO LOCAL の局面についても言える。世界各地のローカル・マーケットにこれまで供給されてきたのは、日本生まれのマンガ・アニメだけではない。とくにアジアを中心とする各地では、日本のマンガ・アニメのもたらしたインパクトの結果として、子どもや若者がノートの隅や再生紙に、またコンピューター・グラフィクスを使って、かれらのヒーローを描き始めた。たとえば台湾では、すでに1970年代から「ドラえもん」の人気が高く、ローカル版の「ドラえもん」マンガが描かれて売られていた。この過程でマンガ制作のノウ・ハウを学んだマンガ作家と出版社は、今では独自のマンガ・キャラクターとストーリー・ラインを創りだし、ローカルな嗜好を満たすマンガを出版するようになっている。いわば混沌とした熱気の中から、今、資本主導型のマーケット秩序が生まれてきている。結果的にみれば、各地での活発な海賊版出版活動は、出版資本進出のための水先案内人としての役割を果たしてきた。それだけではなく、模倣に始まったローカルな海賊版マンガの制作は、実は、需要と受容に続く次のステップである独自のマンガの創作活動開始に向けての、主体的なローカライゼーションの過程でもあった。

06　こうしたマンガ・アニメのグローバライゼーションとローカライゼーションの同時的進行過程を、インドネシアというローカルな場を選び、実態に即して分析すること、これが本稿の目的である。

07 ●イメージ同盟(アライアンス)の成立

08 マンガ雑誌と単行本

09　最初にマンガ・アニメの日本国内での産業構造の分析から始めよう。今日では、マンガ本（マンガ雑誌および単行本）の出版は日本の年間出版物の40％に達する。その内容ももちろん多岐にわたり、たとえば流通システムをみても、東京の大手出版社から全国の本屋、キオスクにいたる流通ネットワークだけでなく、コミック・マーケット（コミケット）を中心とした同人誌の独自の流通網もできている。しかし、現時点でマンガ・アニメの海外進出を考えるには、そのすべてを見てい

く必要はない。多様ななかにも、人気キャラクターのイメージの商品化を核としたシステムが成立しているからである。

　マンガ・アニメのキャラクターはまず週刊、隔週、月刊、季刊等々のマンガ雑誌のページに登場する。近年では、発行部数上位10位までの週刊マンガ誌はすべてその発行部数が100万部を越えている。こうしたマンガ雑誌は駅の売店の店先などに並べられており、われわれにもなじみが深い。しかし、マンガ雑誌それ自体の収益率はそれほど高いものではない。マンガ雑誌の発行は、最も競争の激しい領域であり、雑誌の価格を10円でも20円でも安くおさえようとする傾向が強い。規模の経済、再生紙の利用、白黒のモノトーンなど、コスト削減の努力によって、マンガ雑誌はたとえ1冊400ページ以上あるものであっても、その価格が300円を越えることはほとんどない。たとえば、450ページを越える『週刊少年サンデー』の定価は220円である。これがどれほど安いものか、たとえばアメリカのスーパーマーケットやコミック店で売られている『スーパーマン』などのコミック誌が、カラー刷り1冊32ページ（広告ページを含む）のもので、3ドルというのと比較すればよい。それだけではなく、連載中のマンガ作品10数点を、毎週毎週、「落ち」ないように掲載するための作家と編集者の努力は大変なものである。他にも、印刷をはじめマンガ制作のコストのほとんどすべてがこの段階にかかってくる。言い替えれば、マンガ雑誌の編集発行こそが、マンガ・アニメ産業全体の土台である。

　マンガ雑誌は、多くの新人マンガ作家のデビューの場であり、またプロのマンガ作家の新作発表の場である。ここで発表された作品は、読者の反応によってその命運が決まっていく。新しく連載マンガが始まる時には、目につきやすい雑誌の巻頭のほうにおかれ、ときにはカラーで掲載される。反響の大きい人気作品は、1年、2年と続けられ、ときには10年を越える。一方、読者の反応の鈍い作品は、しだいに後ろのほうのページに移され、10数話で完結して消えていく。空いたスペースには、また他の新しい作品が掲載される[3]。

　マンガ雑誌は、こうして新作マンガの人気度をはかるという、マーケット・リサーチの機能をもっている。このことを、出版社は充分に知っており、かつ意図的に行ってもいる。たとえば、最近まで発行部数で首位の座を占めていた『週刊少年ジャンプ』を始め、多くのマンガ雑誌が、毎号、読者のためのアンケート葉書を綴じ込んでいる。葉書には読者にとって一番面白かったマンガはどれか、好きなマンガキャラクターはだれか、などについての質問が記されており、さらに読者が進んでアンケートに回答するよう、懸賞景品がつけられていたりする。こうした葉書を印刷して綴じ込むための費用は、決して無視できる額ではない。コスト削減努力のなかで、アンケート葉書を毎号綴じ込むということは、計算に基づいた明快な経営上の選択である。

13 　それだけではない。マンガ作品が雑誌に毎週毎週連載されることにより、マンガ・ファンの間にそのキャラクターが視覚的に記憶され、親密感が醸成されていく。いわば、マンガ雑誌は、連載中のマンガ作品の広告も行っていることになる。それはそのマンガ作品が単行本として出版されたときの売り上げにつながっていく。［中略］

14 **テレビ・アニメと広告**

15 　子ども向けテレビ・アニメの多くは人気マンガのキャラクターを基にして制作される。現在、テレビでは40余りのアニメ番組が毎週放映されている。これだけの数のアニメ番組を常時制作放映し続けるには、マンガ産業の存在、つまりコンスタントに多彩な人気キャラクターとストーリー・ラインを生みだし、蓄積し、提供することのできる宝庫の存在なしにはまず不可能である。世界一の日本のアニメ産業は、世界一の日本のマンガ出版業界によって支えられている。今日、たとえ日本のテレビ・アニメ制作の50％が海外の下請けにだされているにしても、それはアニメ制作の労働集約部分の外注であり、機軸となるソフトは、多量のストックのあるマンガに依存する。その事情はコンピューター・グラフィクスの時代となってもまったく変わらない。また、個別的には優れた芸術作品としてのアニメを創作することのできる欧米の国々においても、このマンガ業界という宝庫を持たない以上、アンデルセンやグリムの童話集に頼ることはあっても、日本にみられるような多彩なアニメの量産は不可能である。

16 　一方、マンガのテレビ・アニメ化は、マンガ出版社にとっても大きなメリットをもたらす。たとえばその有名な事例として、藤子不二雄原作のマンガ、『オバケのＱ太郎』があげられる。1964年から『週刊少年サンデー』紙上に連載されていた『オバケのＱ太郎』は、1965年に子ども向けテレビ・アニメとして放映されるや大ヒットとなった。テレビ番組のスポンサーであった不二家のチョコレートは売り切れ、原作の単行本も、爆発的に売り上げを伸ばした。出版社が東京に新しいビルを建設したとき、そのビルは「オバＱビル」と呼ばれた[4]。

17 　マンガ作品のテレビ・アニメ化によって、アニメ番組スポンサーも原作マンガの出版社も、利益を飛躍的に増大しうることが、このとき明らかとなった。人気マンガのテレビ・アニメ化がもたらす、異業種にわたる利益の創出が確認されることで、日本のマンガ・アニメ業界は新しい地平へと飛躍することになる。マンガは、テレビ時代の到来にあって、片隅に追いやられるのではなく、むしろテレビと共に繁栄しうる出版物となった。これ以後、日本のマンガ業界は、テレビ・アニメと、スポンサーとなる多様な業界を巻き込んだ新しい時代を迎える。その顕著な例が、ほとんど毎日、どこかのテレビ・チャンネルで子ども向きに放映さ

れている、各種スポンサーつきのテレビ・アニメ番組の定着である。

　アニメ制作は、高度に労働集約的な産業であり、優れた作品を作ろうとすればするほどコストも大きくなる。しかし、今や、そうした制作コストはアニメ・プロダクションだけが負担するのではなくなった。連載テレビ・アニメの制作は、テレビ局、アニメ・プロダクション、原作マンガ作家、出版社、広告代理店、スポンサーとなる各種生産販売会社、キャラクター商品生産販売会社などが参加する、グループの共同企画となった。こうしたスポンサーによって、テレビ・アニメは視聴者に無料で提供される娯楽番組となった。テレビ・アニメは、所得水準に関わりなくだれもが（幼児でさえも）、生産コストを支払うことなく享受できる大衆文化の一端をになうものである。では消費者に代わり生産コストを負担するグループはいかにして成立するのか。テレビ・アニメの放映においては、その鍵はマンガ・アニメの人気キャラクターのもつイメージにある。したがって、ここではこのルースなグループをかりに「イメージ同盟（アライアンス）」と呼び、その構成と機能のしかたを分析してみよう。

　マンガがテレビ・アニメ化されるプロセスは、主として広告代理店の動きに始まる。広告代理店は、商品イメージとして、人気マンガのキャラクターのなかからふさわしいイメージをもつものを選択し、スポンサーのところに持ち込む。スポンサーのオーケーがでると、そのイメージ・デザインにそった形でのアニメ化をアニメ・プロダクションに依頼し、一方でテレビ局のタイム・スポットを契約する[5]。アニメ化されたキャラクターは、毎週毎週、視聴者の日常生活の場へ現われることで、視聴者の生活のリズムの一部となっていく。キャラクターのイメージによって、視聴者の年齢や性別、嗜好が容易に特定され、スポンサーはその視聴者層をターゲットとする商品広告をおこなうことができる。イメージの組み合わせに成功すると、スポンサーの商品の売り上げがあがる。また「ガンダム」のように、プラモデルの生産販売と緊密に結びついた例では、プラモデルの試作品デザインにあわせて、アニメ・キャラクターがつくられるケースもある。キャラクター商品の生産販売とテレビ放映のタイミングも重要な要素となる。キャラクターの名前が子ども達同士の会話に登場するころには、原作のマンガを連載中のマンガ雑誌や単行本の購読数が上がり、さらにキャラクター商品の販売数も伸びる。キャラクター商品の氾濫は、さらにテレビ・アニメ番組に対する親近感や認識度をあげ、視聴率の向上をもたらす。

　イメージ同盟（アライアンス）は、マンガ・アニメの人気キャラクターのイメージを選定し、その価値を測り、さまざまな商品にそのイメージの価値を添加して、消費者に販売するメカニズムである。同じメーカーの同じ品質のカレー粉でも、「ドラえもん」のキャラクターを印刷したもののほうが値段が高くなるのは、このためである。

イメージ同盟（アライアンス）の各メンバーは、同一のキャラクターのイメージを共有するという点以外では、通常なんら相互に共同しあうことはなく、専ら自らの利益を追求しているにすぎない。しかし、それぞれが、それぞれの領域で、キャラクター・イメージを消費者の生活の広汎な場に持ち込むことで、結果として、メンバー相互の利益を拡大しあう関係となる。

21　キャラクターのイメージと人気を、交換価値に変換する仕組みがコピーライト（版権）である。今日では、人気キャラクターのコピーライトは、マンガ作家のみでなく、出版社、テレビ局等で共有することが多い。このことは、キャラクター・イメージの価値を生み出すためには、キャラクターを創り出すだけでなく、マンガ本として出版し、テレビ・アニメとして放映することが重要な条件となっていることを示している。

22　一度このイメージ同盟（アライアンス）のシステムが成立すると、マンガ・アニメのキャラクターは、ストーリーの担い手から、与えられたイメージを媒介するシンボルという存在に変身する。もはやその笑顔一つで十分なのである。キャラクターはマンガのコマやテレビのスクリーンから離れて、単独で、ステッカーや看板となって、レストランやデパート、ショッピング・モールの店先にたたずむ。ところが、こうしたイメージの媒介人は、必ずしもマンガの主人公である必要はない。人気があって、一定の人々の関心を惹き付けるキャラクターであればそれで十分である。たとえば人気の高いビデオ・ゲームの「スーパーマリオ」から、マリオのキャラクターを主人公にしたマンガやアニメが改めて制作される。また最近では、特に、こうしたゲームソフトと、マンガ、テレビ・アニメ、音楽CDの制作発売を、あらかじめ共同歩調をとって企画する例も出ている[6]。人気のあるキャラクターであれば、イメージ同盟（アライアンス）を構成する業種のたとえどこからそのキャラクターが現われようとも、イメージ同盟（アライアンス）はその人気度とイメージを商品価値に転化し、共有しあうことで、最大限の利益を上げるシステムである。［中略］

23　以下では、今まで述べてきたことを、インドネシアでの実態に則して具体的に検討することにしよう。

●ドラえもんのアジアの旅

インドネシアのドラえもん

26　私が初めてインドネシア版『DORAEMON』を見かけたのは、1992年4月、ジャカルタの炎天下の古本市場の片隅でのことだった。それは、片手の手のひらに乗ってしまいそうなハンドメイドの『ドラえもん』マンガで、よれよれの再生紙を八つ切りにして綴じあわせてあった。そこに描かれたドラえもんやのび太は、そう思って見なければ気付き難いほど稚拙で、マンガに特有のコマ割りもまだなく、

各ページに1人ないしせいぜい2人のキャラクターが、うすいエンピツで、落書きのようにして描かれていた。ページをめくって一つ一つの絵を眺めてみても、そこに描かれたキャラクター達がいったい何をしているのか、皆目見当がつかなかった。

　その『DORAEMON』を売っていたのは、年のころ12〜3の男の子で、値段を尋ねると、「400ルピア（そのころの交換レートでおおよそ20円）」と答え、そのあと急いで「300ルピア」と言い直した。「あなたが描いたの？」という問いにその子はまぶしそうな表情で、それでもこっくりとうなずいた。「どういうストーリーなの？」と聞いても、困ったような表情をするだけである。一言の文字も書かれていないそのドラえもんマンガは、その子がテレビで見た『ドラえもん』のストーリーを心に思い浮かべながら、なぞるように描いていったものであったろうか。いつの間にか私たちの周りには、その子と同じ年格好の子ども達が5〜6人集まってきており、私の質問を引き取るように、一斉にその子ども達がページをめくって解説を始めた。異議を唱える子どもがいると、皆、一層声を上げて、「イヤ、アアナッテ、コウナッテ……」と、順番にページをめくりながら、いっしょに声をあわせてストーリーをつくりあげていく。どの子もとっくに『ドラえもん』のことも、ストーリーのパターンも知っていた。1991年4月のテレビでの放映開始以降、インドネシアでのドラえもんブームはすでに始まっていた。

　80年代末に、インドネシアではテレビ放送の規制緩和が決定された。それまでの国営放送、インドネシア共和国テレビ（TVRI）のほかに、90年代にはいると、インドネシア教育テレビ（TPI）にはじまる民放テレビ5局が次々とテレビ番組の放送を開始した[7]。その中のひとつ、ラジャワリ・チトラ・インドネシア・テレビ（RCTI）が、毎日曜日の朝8時から8時30分という時間帯に、インドネシア語に吹き変えられた『ドラえもん』の15分番組2本を流し始めたのである。

　日曜日の朝8時というのは、インドネシアの視聴者にとってどういう時間帯なのか？　答えは、「大人ならだれも観ない時間」である。元来、インドネシアの朝は早い。熱帯にあるこの国の人々は5時半や6時にはたいてい起きていたし、週日ならば1日2部制をとることの多い小学校では、午前の部の授業は7時に始まる。週末だからといって、日常生活のルーティーンがそうそうかわるわけでもない。村においてはもちろんのこと、ジャカルタのような都市においても、朝早くから人々は起き出してまだ涼しく気持ちのよい朝のうちに一仕事も二仕事も済ませる。

　その一方で、近年、都市近郊に量産されている郊外住宅地には、週日には都心の職場に通い、週末にはゆっくりとマスターベッドルームで朝寝を楽しむという、新しいサラリーマン家族型生活スタイルが始まっていた。そこでは1日の時間配

分ばかりか、空間の使い分けも変化をし、「子ども部屋」が造られ、プライベートな家族生活の場と公けの場としての道路、という使い分けも始まりつつあった。大人と子どもとが、また家族と近所の人々とが、1日の多くの時間を連続した空間で共にすごしていた都市カンポンの生活に、異変が起こり始めていた。

31　『ドラえもん』のテレビ放送が始まった時、郊外の新興住宅地で見かけたのは、日曜日の朝だというのでベッドルームからでてこない親達と、パジャマをきちんと着せられて、外にでることのできない子ども達であった。子どもだけがテレビの前に取り残された日曜日の朝という空間と時間、そこに『ドラえもん』がはいってきた。こうして、まだ勝手に着替えて外に飛び出すには幼なすぎる、そういう年ごろの子ども達が、まず『ドラえもん』を発見した。このあと、日曜日の朝がインドネシアでの「子どもアニメの時間」として確立するまでに時間はかからなかった。はたと気付いて見れば、日曜日の朝のこの時間帯には、『ドラえもん』だけでなく、日本でおなじみの子どもアニメ番組が複数のテレビ・チャンネルで放送されるようになっていた。そして、1994年4月、インドネシアで初めての「子ども番組」の視聴率調査が行われ、調査が行われたすべての地域（ジャカルタ、メダン、スラバヤ、スマラン）で、『ドラえもん』が最高位を獲得した。

32　再生産されるイメージ同盟（アライアンス）

33　インドネシアでのテレビ放映当初、『ドラえもん』のスポンサーとなったのは味の素だけであった。というよりは、インドネシア・日本合弁の広告代理店が、味の素のテレビ広告を目的として、当時は最も廉価であった日曜日の朝8時というタイム・スポットを買いとり、『ドラえもん』の放映を企画したものだった。まだインドネシアの、開業したばかりの民放テレビ関係者のだれも『ドラえもん』のことなど知らなかった。しかし、インドネシアの外では、1980年代末までにはすでに『ドラえもん』は世界各地――イタリア、香港、中国、台湾、韓国、マレーシア、シンガポール、タイ、ロシア、スペイン、ブラジル――に進出していた。

34　なかでも香港、台湾では、日本製のマンガ・アニメは広く受け入れられて、テレビ・アニメ、マンガ本、キャラクター商品が出回っていた。たとえば台湾では、1970年代以来すでに「ドラえもん」の人気は高く、「ドラえもん幼稚園」の名前をつけた幼稚園バスが走り、次いで、1980年代後半に「隣のトトロ」が大ヒットをすると、大人も子どももトトロのカレンダーやビデオを買っていた。いくつかのテレビ局から一日中日本製のテレビ・アニメが放映され、数多くのロボットものや、そのキャラクター商品が出回っていた。香港でも、「ドラえもん」のキャラクターが、オランダ製のベビー用クッキーのカンにつけられ、また警察署が小中高の生徒を対象に作った防犯用パンフレットにも使われていた。台湾、香港の貸本屋の棚には、ロー

カルのマンガ作家の手によるローカル版「ドラえもん」マンガも並んでいた。『ドラえもん』のアジアでの成功は、キャラクターのもつ優しさと、あらゆるものを可能にするファンタジーとが、1980年代のアジアの経済的発展の中で都市部を中心に現れてきた中間層の夢と結び付いていった要素が大きい。返還前の香港からカナダに移住した家族が、その引っ越し荷物の中に『ドラえもん』マンガを大切に加えていたということは、そのことを見事に物語っている。

インドネシアで『ドラえもん』のテレビ放映が開始され、人気が高まると、じきに味の素だけでなく、マクドナルドや、ローカルの製菓会社など、子どもや家族をターゲットとする業種がスポンサーとして加わった。多国籍・多業種のイメージ同盟(アライアンス)は、きわめてスムースに、日本国内におけると同様にインドネシアでも再生産された。これは『ドラえもん』に続く他のテレビ・アニメについても同様である。『セーラームーン』のように、最初からキャラクター商品の販売とマンガ単行本の発行がテレビ・アニメの放映とうまくコーディネイトされた場合には、その効果は一層際立ったものとなった。そうでない場合でも、あるマンガやアニメのキャラクターの人気が上がると、すぐにローカル・マーケットの場において様々なレベルでの家内工業的な海賊版マンガ本やキャラクター商品が登場し、まさにイメージ同盟(アライアンス)ぐるみで再生産されていく。そして、その後そこに大資本が参入する。

インドネシアでも、『ドラえもん』の人気が上がり、街角で幼いマンガ作家の卵による作品が売られ、夜市で『ドラえもん』Tシャツが山積みされるようになるとまもなく、インドネシア最大の出版社であるグラメディア傘下のエレックス・メディア・コンピュティンド社が参入してきた。正規の版権をとった同社は、インドネシア語訳の『ドラえもん』を、小学館のてんとう虫シリーズとそっくり同じ装丁の単行本として、1冊3,300ルピア（当時のレートでおよそ165円）の値段で出版した。グラメディア傘下の本屋チェーンの棚に並べられた10,000部の『ドラえもん』は、あっという間に売れ、以後、『ドラえもん』各号は35,000部が印刷されている。道端で売買されていた、文字通りホームメイドでありハンドメイドである『ドラえもん』は、間もなく姿を消していった。エンピツ描きのマンガは、豪華な装丁の単行本の前には、魅力を失ってしまったし、また、版権を持つ出版社が目を光らせるようになると、香港製の白黒印刷の海賊版もローカル・マーケットから影を潜めていった。［中略］

次の予定されたステップは、イメージ同盟(アライアンス)の利点を最大限に利用するために、テレビ・アニメの放映時期と、翻訳マンガの出版、およびキャラクター商品の販売とを、どううまくコーディネイトさせるかという課題の解決である。さらに同社の野心は、すでにその先のステップにむかっている。すなわち、台湾、香港、

タイですでにおこなわれているような、現地の自前のマンガ雑誌の発行である。

マンガ雑誌の発行

マンガ・アニメのローカライゼーション、すなわち現地への定着度を測る最良の物差しは、ローカルなマンガ雑誌の刊行の有無である。すでにみてきたように、日本国内でのマンガ・アニメ産業の基盤を支えるのは、週刊、月刊等のマンガ雑誌である。これは、新人マンガ作家の登竜門であり、新作マンガとそのキャラクターが最初に登場する場である。ここで読者の評価を受けた作品の、あるものは消えていき、またあるものは人気を得て単行本が出版され、テレビ・アニメ化されてイメージ同盟(アライアンス)の仲間にはいる。

海を越えたマンガ・アニメが各地に根を下ろし、その土地で開花するためには、ローカルなマンガ作家が出現し、独自のキャラクターとストーリー・ラインが創り出されなければならない。それはマンガ・リテラシーがその社会に定着したことをも示唆する。輸入アニメの放映とマンガの翻訳出版を重ねるだけでは、いつまでたっても根付いたことにはならない。何かのきっかけでいつマンガ・アニメがその社会から跡形もなく消え去るかもしれない。つまり、別の言い方をすれば、インドネシア、タイ、中国などにおいて、ローカルなマンガ作家によってマンガやアニメが制作され[8]、それが本屋の棚、テレビのブラウン管に登場するようになったとき、戦後日本に生まれ育ったマンガ・アニメ文化のグローバライゼーションが一つのマイルストーンに到達したと言えるだろう。［中略］

●まとめ

戦後日本に生まれ育ったマンガ・アニメは、テレビ時代の文化産業として見事に定着し、いまその海外進出が展開している。しかし、マンガ・アニメ文化が海を越え、海外の各地に根を下ろし、その土地で開花し、その結果としてマンガ・アニメのグローバライゼーションが一定の達成度をみるためには、各地でのローカライゼーションの進展が必要条件となる。ではどうやって、そうしたローカライゼーションの度合を測定できるのか。少なくとも、次のことが言えるだろう。輸入アニメ、翻訳マンガの受容ばかりでなく、現地語でマンガ雑誌が発行され、ローカルなマンガ作家が出現し、独自のキャラクターとストーリー・ラインが創出され、単行本が出版され、そしてローカルなキャラクターを起用したテレビ・アニメが制作される、こうした一連のプロセスがローカライゼーションの一つの目安となる。

すでに香港、台湾、タイなどでは、マンガ雑誌の発行が始まり、ローカルなマンガ作家が登場してきている。韓国のマンガ作家の作品には、タイや台湾で翻訳

出版されているものもある。フィリピンでは、従来のアメリカ様式のマンガの他に、日本様式のマンガのスタイルをマスターした作家が現われているが、その作品を発表する場としてのマンガ雑誌がまだない。インドネシアではタブロイド紙の出版が行われている。

今日、すでに日本のアニメ制作の50％はアジア各国のプロダクション・ハウスに下請けに出されている。またコンピューター・グラフィクスも急速に発展している。したがって、技術的にはアジアの多くの国がアニメ制作のノウ・ハウを持ちはじめており、現に、ローカル・マーケットの嗜好にあった魅力的なアニメのキャラクターの創造が各地ではじまっている。インドネシアのヘラ、ヘリ、ヘロのキャラクターはそれなりに成功していた。さらに、テレビ・アニメ番組の制作と放映を経済的に支え、だれもが楽しめる大衆文化とするイメージ同盟(アライアンス)は、スポンサーつきテレビ・アニメの放映によって比較的容易に再生産できる。マンガ・アニメのキャラクター商品の開発生産販売は、中国、台湾を始めとするアジアの各地で今日盛んに行われている。

しかし、テレビ・アニメ文化の頂点であり、ローカライゼーションのひとつの完成を示す長期連載テレビ・アニメの制作のためには、上に述べた条件だけでは十分ではない。しっかりとしたストーリー・ラインをもつ連載アニメ制作のためには、一定水準のマンガ・リテラシーを身に付けた人材の層が存在しなければならない。しかし、マンガ・リテラシーの浸透度には国ごとに大きな差がみられる。多彩なキャラクターやストーリー・ラインの蓄積も重要である。これについては、ローカルな伝統文化のなかに蓄えられているキャラクターやストーリー・ラインの掘り起こしが、当面の鍵となるだろう。

インドネシアでは、1990年代初めの民放の放映開始により、マンガ・アニメ時代は始まったばかりである。したがって、マンガ雑誌の発行、国産テレビ・アニメの制作に見るように、すべてがなお試行錯誤の段階にある。マンガ・アニメがインドネシアにおいてこれからどのようなローカライゼーションの過程を歩むのかは、ワヤンに代表されるようなインドネシアの伝統文化がマンガ・アニメにどう組み込まれていくのか、そしてマンガ・リテラシーを身に付けた子ども達がこれからどの程度増えていくか、そのなかからどれくらいの人々がやがてマンガ・アニメの制作に参加していくのか、などの未来の要因に大きくよっている。

［注］
1）ベストセラーはその社会の多くの人々の心と「共鳴」するものをもつことでベストセラーとなる。しかし、ベストセラーが海を越えてベストセラーになるためには、まず旅をするための翼が必要である。ここではその翼としての文化産業の海外進出の構

造に焦点をしぼる。なお、『ドラえもん』が東アジアや東南アジアの各地でベストセラーとなるについての「共鳴」の構造については、筆者はすでに以下の稿で論じている。"Japan's Soft Power: Doraemon Goes Overseas," in Peter J. Katzenstein & Takashi Shiraishi eds., *Network Power: Japan and Asia,* Cornell University Press, 1997, pp.234-72.

2）「東南アジアにおける文化のローカライゼーション」については O. W. Wolters, *History Culture and Region in Southeast Asian Perspectives*, Institute of Southeast Asian Studies, University of Singapore, 1982. 参照。

3）"The Manga-Market", *Mangajin's Basic Japanese through Comics,* Atlanta, Georgia: Mangajin, Inc., pp.10-12.

4）Frederik Schodt, *Manga, Manga: The World of Japanese Comics,* New York: Kodansha America, 1983, p.145

5）藤島宇作、『戦後まんが民俗史』東京、河合出版、1990年、245ページ。

6）「ゲームに先駆け、アニメ・漫画：ソフト各社が主導権」『日本経済新聞』1997年11月18日。

7）RCTI（Rajawali Citra Televisi Indonesia）；SCTV（Surya Citra Televisi）；AN-Teve；Indosiar Visual Mandiri.

8）本稿では、日本様式のマンガ・アニメについて論じており、各地の既存の文化伝統としてのコミックや、アメリカから渡来したコミック様式については他に譲る。

（白石さや「マンガ・アニメのグローバライゼーション」、五十嵐暁郎編『変容するアジアと日本──アジア社会に浸透する日本のポピュラーカルチャー』世織書房、1998年）

[資料] 2-B　プチブルの暮らし方
——中国の大学生が見た日本のドラマ

　これまでと違う暮らし、そしてひととも違うちょっといい暮らし。そんな「違う」生活をものにしようという覇気が、いま中国の大学生を突き動かしている。贅沢は許されず、無産階級が規範とされた時代はとうにすぎ去り、2002年発行のベストセラー『小資情調（プチブル気分）』は、「自分の階層をご存じですか」と問いかける（包 2002）。少し出てきたゆとりをどう満喫するか？　作者は独身貴族たちのセンスよい暮らしぶりを描き、読者の上昇志向をくすぐっている。

　1990年代半ば、中国の大都市に外資系のスーパーマーケットがオープンし、人々は何列にもびっしり並ぶ商品に目を丸くした。『東京ラブストーリー』がテレビで大ヒットしたのは、そんな消費生活が目の前に現れた頃のことだ。このヒットをきっかけに、日本のトレンディドラマは中国の都市部で若者の人気を集めてきた。中国では、「日本青春偶像劇(アイドル)」を縮めて、通称「日劇」という。

　1999年春、南京で金属工学を勉強している周平(しゅうへい)くんは、大学1年生だった[1]。VCD（ビデオ・コンパクトディスク）で見た『東京愛情故事(ラブストーリー)』が、おもしろかったという。日本の放送から8年遅れで見た『東京ラブストーリー』で彼の心を捉えたのは、どうやら話の筋や主人公の鈴木保奈美(すずきほなみ)より、大都会で大学を出たばかりの若者がどう暮らしているかということのようだ。

　「テレビで放送になったときは、見てなかったんです。（放送が）終わってから大学の同級生がすごくおもしろかったよって言うから、VCDを探して、そいつと一緒に見ました。あっという間に、全部見ちゃいました（笑）。でも一遍に見たから、どうだったかよく覚えてないんです。なにしろ、短いあいだに全部見たから（笑）。だからなにか深く感じたってわけじゃないんですけど、いい話だなと思いました。恋愛がテーマのいい話だなって。それ以外、あまり思い出せないです。

　ただひとつとても印象に残っているのは、日本のあの年齢層の人たちは、こういう生活をしているのかってことです。だって、あのドラマを見るまで日本の若い人たちがどんな生活しているのか全然知りませんでしたから」。

　1998年秋から、中国の大学生に日本のイメージについて話を聞く作業をしてきた[2]。日劇は台湾や香港でのブームを受けしだいに浸透し、大学生は『東京ラブ

ストーリー』『ロングバケーション』『GTO』のことを楽しそうに語るようになった。日劇のなにがそんなにおもしろいのかと尋ねると、周(しゅう)君のように、主人公たちの日常生活を挙げる人が多い。実際、中国で日劇を売る側にとって、大都会のシングルライフは大きなセールスポイントだった。たとえば、日本語教材として販売された『東京ラブストーリー』の海賊版シナリオとカセットテープには、中国語でこう解説が書かれている。

07 「日本の当代きってのホットなアイドルスターが演じる、現代的な大都市・東京での若者の生活、恋愛、仕事、人生の物語」。

08 日劇は中国国内のテレビ番組にはない、ちょっと贅沢でそれでいて背伸びをすれば届きそうな等身大の夢物語を映し出し、エリート予備軍に受けた。北京(ぺきん)のエンターテイメント紙『北京(ぺきん)娯楽信報』の編集委員である丁寧(ていねい)は、日劇は特にホワイトカラーへの影響が大きいとしている（丁 2003：43）。日劇ブームを引っ張ったのは、主に10代後半から30代前半の都市在住者で、エリートとその予備軍である高校生と大学生だろう[3]。中国での大学進学率は、1999年に短大を含めて約6％で[4]、大学生は新しいミドルクラスへの最短距離にいる。

09 同時にキャンパスは、海外から流入した映像ソフトの消費拠点だ。渡航に規制のある中国で、大学はトランスナショナルな人の往来があることに加え、字幕を追ってでも海外の映像にふれたいという好奇心が集結し、教材の名目で再生用のハードも揃っているからだ。たとえば、メイフェアー・ヤンは、1990年代初頭、アカデミー賞受賞作がまだほとんど中国の映画館で上映されていなかったころに、海賊版ビデオカセットを入手し、一番見ていたのは恐らく大学生だろうとしている（Yang 2002：333）。日劇の普及もこうした流れの延長にある。

10 中国の大学生のあいだで日劇が人気を集めたのはなぜか？　そして、彼らが日劇が描く「生活」に関心を寄せたのはなぜか？　それは、中国が計画経済から市場経済へ移行してゆくことで夢が解放され、キャンパスライフが変わり、進路の幅も広がり自力で豊かさに手が届くようになったことと直結しているように思う。中国のエリート予備軍たちは、日劇に描かれた日常生活を自分たちの今日や明日の姿と結び付け、憧れ、お手本にし、ときには反面教師とした。この章では、日劇が中国の大学生を引き付けた数ある要因のなかで、暮らしの豊かさと、自由な恋愛観にスポットを当てる。上昇志向の表れである流行語「小資(プチブル)」を軸に、大学生の夢がいかにかたちを変え、それが彼らの日劇を見る視点にどう繋がっていくか、上海(しゃんはい)、蘇州(そしゅう)、南京(なんきん)の学生たちの声を交えながら考察していく。

●流通のパターン

日劇のヒットはデジタル時代の申し子であり、海賊版ディスクとコンピューターの普及によるところが大きい。日劇の人気はまずテレビ放送で定着し、次第に海賊版 VCD、そしてブロードバンドを装備したインターネットカフェへと消費のパターンが個人化してきている。ここでは、そんな流通の変遷を見てゆく。

国内のテレビ放送

日劇は、1995年3月に上海電視台が『東京ラブストーリー』を放送したことで火が付く。それまで中国には若者個人に焦点を当て、彼らの揺れる気持ちを描いた等身大のドラマはほとんどなかった。

中国のドラマは、主人公が英雄で、きちんと背筋を伸ばして見るタイプのものが多い。中国当局は、テレビドラマを単なるエンターテイメントでなく教育メディアと捉えている。たとえば新中国誕生とその発展の歴史や、社会主義建設の業績を描いたエピックが「主旋律ドラマ」と呼ばれ、国家の基調演説のような役割を果たす。改革開放の成果を題材にしたドラマもあり、都市の発展や若手のリーダーたちの奮闘ぶりを描く。

また、時代劇も主力だ。[中略]

もっと身近な題材になると、「改革開放後の問題」とされる、浮気、失業、犯罪、家庭内暴力といった歪みや痛みを扱ったドラマがある。どれも切実で、見ていて夢を抱かせるおとぎ話とはほど遠い。

主義主張のないエンターテイメントは国外からやってきた。恋愛ドラマは、1980年代の後半から香港、台湾、シンガポールで制作されたものが放送されている。ヤンは1996年に発表した論文で、こうしたテレビドラマが映し出す「モダンで商業的な中国人社会」は、新しい中国人のあり方を提示し、西洋文化以上のインパクトがあったとしている（Yang 2002 : 338）。[中略]

しかし、これも1980年代に日米のアニメを見て育った世代には、物足りなくなる。中国で放送された台湾と香港のドラマは、題材が往々にして裕福な一族の確執で、主人公の年齢設定が高い。シンガポールのドラマは作りがモダンで、性格や経歴の違う若いカップルが何組か登場する。しかしこうした華人社会のドラマは、いずれもホームドラマで、話の軸は個人の恋より家のしがらみにある。親類縁者が次々現れ干渉し、シナリオは二転三転しながら延々40話以上続いてゆく。親が姿を見せない気ままな一人暮らしは稀だった。

そこへ、織田裕二演じる永尾完治が、愛媛から上京して、鈴木保奈美演じる同僚の赤名リカと恋に落ちる『東京ラブストーリー』が登場し大当たりした。中国

各地で再放送された回数は数知れない。南京出身の王浩くんは、手の届きそうなリアルさがいいと言う。

21 「たとえば『東京ラブストーリー』の主人公の完治は普通の会社員でしょ。僕らもこの2、3年のうちに同じような社会人になりますよね。そうすると、ドラマのような出来事が僕らの周りで起こるかもしれない」。

22 中国の若者には、大都会で同世代のどこにでもいそうな主人公たちが繰り広げる恋物語が新鮮に映った。その後、上海では日劇をおよそ50作品放送している。

23 日劇は、中国の国内のテレビで放送される場合、北京や上海の放送局で中国の標準語への吹き替えが行なわれ、中国大陸で使用されている略字の「簡体字」で字幕が付く。さまざまな方言を抱える広大な中国では、テレビに字幕は欠かせない。こうして出来上がった番組は、中央電視台で放送されることもあるが、主に大都市や省のレベルの地方テレビ局、もしくはケーブル・チャンネルで放送されている。[中略]

24 香港ベースのテレビ放送

25 日劇は、香港ベースの放送局からも流れている。衛星テレビ局スターテレビの中国語チャンネル・鳳凰衛視中文台は、1996年に中国で正式に放送を始めている。しかし、上海の学生のインタビューをしていると、1993、4年頃にスターテレビが受信でき、「日本偶像劇場」のスロットで日劇を見ていたという人もいる。

26 鳳凰台の日劇も中国語への吹き替えだが、字幕には香港や台湾で用いられている旧漢字の「繁体字」が当てられている。鳳凰台の訳は、国内のものより歯切れがよく、笑いのセンスがいいと学生たちは言う。鳳凰台は学生に絶大な人気があるが、受信には衛星テレビのパラボラアンテナかケーブルテレビが必要で、寮では映らないことが多い。

27 また、香港に隣接する広東省に限られたことではあるが、ケーブルテレビが香港の地上波テレビ局TVBとATVの番組をそのまま組み込んでおり、視聴率が高い。週末や深夜などに放送される日劇には、広東語の吹き替え音声に繁体字の字幕が付く。

28 海賊版VCD

29 中国では、1997年の時点で都会の家庭に1軒あたり1台のカラーテレビが普及している（『中国統計年鑑』1998年）。しかし、中国の学生は学期中、驚くほどテレビを見ない。ひたすら学校の勉強が忙しいからだ。大学生の場合は、自宅通学は

極めて稀で、普通在学中は親元を離れて、4人から6人が一部屋の寮生活をする。しかしその寮の部屋にはほとんどテレビがない。1000人の学生が暮らす寮に、ラウンジのテレビが1台ということさえある。かわりに、息抜きはコンピューターということが多い。

そこで、浮上してくるのが、海賊版VCDだ。『東京ラブストーリー』をテレビで見逃した周くんも、後に海賊版VCDで見ている。VCDは中国や香港では主流で、DVDより画質は劣るが、値段が手頃な上、CDドライブのあるコンピューターならどれでも手軽に再生できる。

海賊版ディスクは一大産業で、安徽省の交通と通信を司る交通庁に勤務する童加勃氏は雑誌『中国電影市場』のなかで、中国全土で映画関連産業に従事しているのは50万人強、海賊版関連産業に従事しているのは100万人強であるとしている（童2001：22）。海賊版ディスクの主流はあくまでハリウッドと香港映画だ。ハリウッドの大作『007』のディスクは街角や歩道橋の上でも買えるが、消費者が若者に限られる日劇はビデオ専門店でも扱っていないところがある。[中略]

2001年の日劇ブーム最盛期には、ヒット作が日本で放送終了すると瞬く間に繁体字の字幕が付いて、数週間の内に大都市のビデオ店や露天商にボックスセットで現れた。日劇の海賊版は、日本語の音声はそのままで、繁体字（旧漢字）の字幕というものが多い。前述のように、中国国内では、簡体字（略字）の使用が義務付けられているので、繁体字の字幕はソフトが台湾人か香港人の手を経ていることの証だ。

日劇は、単に日本のドラマだからいいのではなく、それまでモダンなエンターテイメントを中国に供給してきた台湾や香港でヒットしたことが付加価値になり、海賊版VCDが華人社会の動脈を通じて中国各地に広がっていった。さらに、日劇VCDは北米のチャイナタウンにまで波及する。つまり、華人社会のメディアスケープがあって、初めて日劇が中国でヒットした。しかも日劇の流通は、大陸の学校で古典と習字の時間にしか使用が許されていない繁体字が、若い世代にとってより馴染みのあるおしゃれな文字としてイメージを構築してゆくのに一役買う。

2001年3月に放送が終了した木村拓哉主演の『HERO』は、数週間後にパラソルを立てた上海の露天商で全編50元（約710円）だった。学食に10回通ってもお釣りが来る値段なだけに、買うのにちょっと勇気がいる。そこで、大学生はVCDを主にレンタルする。同じころ、上海のレンタルビデオチェーン店に、日劇が50タイトル整然と並び、店員いわく「日劇はとってもホット」だった。

海賊版VCDは、大都市だけではなく地方都市の薄暗く埃っぽいビデオ店にも出現した。南京郊外、日本帝国陸軍基地の跡地にあるキャンパスのレンタルビデ

オ店にも、数週間前に放送が終わったばかりのものも含めて、日劇がほぼ40タイトル置かれ、1日1話、1元（約14円）で貸し出されていた。マンガの単行本をレンタルしたときと同じ値段だ。

36 　学生たちは平日勉強に追われているので、週末や休暇中にVCDを全編借りて、数日のうちに十数時間のドラマを最終回まで見切ってしまう。外国語のセリフを馴れない旧漢字の字幕で追いながらの十数時間とは、全く気の遠くなるような話だが、レンタル料を安く上げるためもあり、日劇のマラソン観賞はすっかり定着している。実に気力と知力のいるエンターテイメントであるだけに、大学生がブームの主な担い手だったことはうなずける。

37 　VCDの観賞の方法は、自宅であれば、主にビデオデッキのようなVCDの再生機。大学であれば、主にコンピューターということになる。中国の大学のキャンパスでは、テレビよりもコンピューターのほうが身近な存在だ。自前のコンピューターはまだ高嶺の花だが、大学のコンピューター・センターや、寮の施設、近辺のインターネット・カフェが充実している。たとえば北京（ペキン）大学前の店では、1800台並んだコンピューターに、毎日2万人が押し寄せる。日劇の人気は、こうしたデジタル世代のエリート予備軍が支えた。

38 　2002年になると、韓国と台湾製トレンディドラマのVCDにお株を奪われるが、それでも日劇は「経典」として慕われている。

ブロードバンドを通じてのアクセス

40 　最後に、ブロードバンドが普及し始めた2002年頃から、インターネット・カフェでネットを通じて日劇を見ているという学生たちが出てきた。たとえば、蘇州（そしゅう）では1時間2元（約28円）でハリウッド映画や日劇が楽しめる。法学部の学生、鐘志華（しょうしか）くんはこう言う。

41 　「1時間見るのに2元払うけど、インターネット・カフェじゃないところで見ようと思ったら、ディスクを借りるのに金が掛かるし、映画館に行ったらもっと高いでしょ。たしかに、ネットで見るのと、映画館で見るのじゃ効果は比較にならないし、環境もよくないけど、値段が安いからね」。

42 　インターネット・カフェでは、規制を受けては、また新しいソフトの見方が登場するというイタチごっこが続いている。

43 　このように日劇の海賊版ソフトは、テレビの放送を待たずに早い、安い、手軽、しかも内容が新鮮と何拍子も揃った「デジタル・ファストフード」として中国に浸透したのだ。

●プチブル暮らし

「みんなで「プチブル」になりましょう！」。スターテレビの中国向けホームページ鳳凰網（ほうおうもう）の見出しには、「ニュース」「経済情報」「文芸」と並んで「おしゃれな生活」のコーナーがある。それをクリックすると、「小資（プチブル）の話題」というコラムが現れ、鮮やかなガラス器を写したバナーに、「みんなで「小資（プチブル）」になりましょう！」の文字が浮かび上がる。小資産階級を縮めた「小資（プチブル）」は、ちょっと上をいくセンスを持ち合わせたシングルを指す流行語。みんなで違いのわかる大人になって、上をいきましょうというわけだ。

社会主義国家中国では、階級意識や、階級にまつわる社会現象を論じることが長いあいだタブー視されていた。毛沢東（もうたくとう）時代には、階級は政治的理念にもとづいて分けられていた。経済的状況・ステータス・権力にもとづく社会学的な階層より、マルクス主義から派生した階級に重きが置かれていた。そして、資本家は無産階級を搾取する人民の敵であり打倒すべしとされていた。

しかし、2001年7月1日に江沢民（こうたくみん）が行なった「七一講話」は、大きな分岐点になった。江沢民（こうたくみん）は社会階層構造や社会的流動性について発表をし、「私営企業主の大部分も社会主義の建設者で、その先端分子は中国共産党に加入してもかまわない」と指摘した。この講和は私営企業主を異端視する世論を抑え、私営企業主の地位を高め、私営経済の発展のためにより有利な環境を作りあげた。

私営経済というのは、社会主義制度における商品経済（資本主義）のことで、資本家が無産階級の敵とされた時代の終焉を意味している。この講話を境に、階級意識を取りあげ、カテゴリー分けし、それぞれの暮らしぶりを書き表した著作が数多く発表されるようになった。

学術の分野では、中国社会科学院の陸学芸（りくがくげい）を中心としたチームが2002年に『当代中国社会階層研究報告』を発表した。中国に中間階層（ミドルクラス）が形成され、「現代的な社会階層構造」に向かう姿を、1万人を超えるアンケートと、1000人の聞き取り調査で描いている。この報告では中国の中間階層を次のように定義する。「中間階層は、頭脳労働を主とし、給料やボーナスで生活している。高い収入、よりよい仕事環境と条件を得る職業能力やふさわしい家庭消費の能力を有し、生活の質にはゆとりがある」（252頁）。「中間階層」を指す用語として、中国の一般の人たちには「中産階級」より「ホワイトカラー」のほうが馴染み深いとしている（249頁）。［中略］

消費とライフスタイルについて、社会科学院のチームは、中間階層はマンションと自家用車を所有し、定期的に旅行に出かけるとしている。マイホームにマイカーの中流は、日本で考えるよりも遥かに高級感があり、大学を卒業しても誰で

も辿り着けるわけではない。持ち家政策が導入されて、初めて自分のマンションを購入することができるようになったのは、1998年。それまで職場から公営住宅が支給されていた。マイホームの夢ができたことで、インテリアへもこだわりが出てくる。蘇州(そしゅう)の女子大生で授業を休んで日劇VCDを見ていたという丁暁琴(ていぎょうきん)さんは、こんなミドルクラスの暮らしに「誰が憧れないの？」と、目を輝かせた。[中略]

51　しかし、1992年に市場経済に弾みがついて以降、資本家でも労働者でもないまったく新しい「小資産階級(プチ・ブルジョワ)」が生まれてきた。彼らの暮らしは中産階級[5]には及ばないものの、金銭にも時間にも多少ゆとりがある。そんな彼らの消費や娯楽のスタイルを指して、「小資(プチブル)」という省略形が使われるようになる。現在では、プチブルは単に年収がいくらであるかというよりは、ちょっと洗練されたセンスや、都会的な暮らしぶりを指す。包(ほう)は「金銭と収入は人の品と格調を完全に決定できるものではない」とし、戦前の上海(しゃんはい)のインテリから、ワインのうんちくや旅の情調まで網羅しプチブル像を浮き彫りにする。

52　2002年の夏には、「プチブル」が大学生の口をついて出る流行語になっていた。上海(しゃんはい)外国語大学で学内放送のDJをしている陳偉(ちんい)くんも「プチブル」を口にした1人だ。そこで、彼にとってのプチブルとはなにか聞いてみた。

53　「雰囲気をうんと大事にして、誰でもわかるっていうのとは違って、一般大衆の好みとはちょっとかけ離れてる。あまりみんなが好きだってことになるとプチブル消費じゃなくなるよね」。

54　木村拓哉(たくや)をまねて髪を長めにしている陳(ちん)くんは、流行りの韓国ドラマより、日劇が好きだという。その理由を、「（日劇は）生活に根ざした話だけど、理想の生活に根ざした話でしょ。だけど、韓劇はどちらかというと中国のドラマに近い、生活がわりと近いから」と言う。日劇が「生活に根ざした話だけれど、理想の生活に根ざした話（源于生活、高于生活）」という表現は、大学生のインタビューで繰り返し出てくる。陳(ちん)くんは最近では、少し日劇に飽きて、ヨーロッパの映画に注目している。

55　プチブルご愛用のブランド、お気に入りの映画、本、カフェ、バー、ウェブサイトなどとプチブルの暮らし方をパッケージにして紹介した本や雑誌記事が次々と出現している。『小資女人』（黄(こう) 2002）は、そんな文字のプチブル・マニュアルだ。作者の黄海波(こうかいは)は、プチブル御用達の映像ソフトのひとつとして日劇を挙げている。中国のプチブルたちより、経済的に自由の利く日劇の主人公たちは、親兄弟に気兼ねすることなく美しい恋を演じ、プチブルの淡い夢を叶え、しかも生活のよいお手本を見せてくれるという。

「『東愛』は、プチブルのあいだで使われる日劇『東京ラブストーリー』の愛称だ。プチブルたちは、これまでの自分の生活で「すてきな体験欠乏症」と「恋愛欠乏症」であったため、日劇でそれを埋め合わせている。彼らは美しい恋をすべきとき、なにかとプレッシャーの多い生活だったから、純粋に美しいというわけにはゆかず、心身ともに恋に捧げるというわけにはいかなかった。しかし、日劇のなかでは、恋愛が一大プロジェクトだ。生活の細かいことひとつひとつまで美しさがゆきわたっている。日劇はおしゃれで、温かく、普通の人にも模倣できる要素に富んでいる」（黄2002：243-244）。

黄の想定している読者は、20代半ばから30代前半ぐらいの高学歴の女性だろう。1990年代の大学進学には、いま以上にプレッシャーがかかった。親は仕送りのために生活費を切り詰め、借金をする場合もある。兄弟姉妹が大学をあきらめることもある。親戚のなかには、将来海外に留学して祖先に報いることを期待する人もいる。そんな状況で恋愛か勉強かと二択を迫られると、どうしても「恋愛欠乏症」になりがちだった。

そして、社会人になったいま、夢をくれた日劇を模倣しようというわけだ。岩渕（2001：234）が台湾の文脈で日劇は「使用可能なイメージ」として消費されていると指摘しているように、中国でも日劇はお手本として消費された。ただし、岩渕も指摘しているように、お手本としているのは、ファッションや生活雑貨だけでなく、主人公の暮らし全般だ。

中国が台湾や香港と大きく違うのは、日劇がヒットした時期に、大学生が新中国になって初めて自力で将来を切り開くチャンスを得て、夢が膨らんだこと。そして、その夢があまりに急速に膨らんだために、国内にプチブル暮らしの映像ソフトはもとより、お手本になるもの全てが希薄だったことがある。数年先を行く先輩たちの経験は参考にならないほど、大学生の描く将来像は激変した。[中略]

●暮らしのカタログ

計画経済から市場経済に移行することで、キャンパスは様変わりした。白昼のキスはもう珍しくない。さりげなく寄り添うカップルのしぐさからは、一昔前の学生たちのぎこちなさがウソのようだ。同時に市場経済が浸透するにつれて、就職口は大学からいただくだけでなく、自分で選べるようになってきた。そして、10年前うっすらぼやけていた学生の将来像は、次第にはっきりした夢にかたちを変えている。従来の公務員、弁護士、教師などに加え、新ミドルクラスに属する職種が具体的に挙がってくる。外資のエンジニア、ハイテク・カンパニーのオー

ナー、広報担当の管理職、欧米の留学先で就職して中国に駐在員でUターンしたいという具合だ。とりわけ大学生がオーナー、管理職、駐在員になりたいと言ってのけるのは、10年前には想像も付かないことだ。

62 　蘇州大学で観光を専攻している呉美玉さんは、内外からの旅行客で賑わう地元蘇州で、いずれは観光業の管理職になって、「中産階級のレベルまで到達したい」という。「中産階級の年収は？」と聞くと、彼女の口をついて出たのは年収20万元（約285万円）。その額、駆け出しの大学教師にしてみると年収の10倍。中国社会科学院が設定したマイホーム、マイカーをもつ中間階層共働き一家の年収と較べても3、4倍にもなる。

63 　「中産階級の生活はゆとりがあって、自分のライフスタイルをどうしたいかって考えられるでしょ。家のなかにどんなモノを並べようとか」。

64 　呉さんは長い髪にグレーのワンピースをシックに着こなしている。インタビューには、ボーイフレンドの林剛くんと現れた。林くんは上海大学で、弁護士を目指している。二人とも日劇が好きで、貸しビデオ屋から海賊版ディスクを借りて見ている。『東京ラブストーリー』『妹よ』『ロングバケーション』『HERO』『ビューティフルライフ』と次々日劇の名前を挙げた呉さんは、その見所をこう語る。

65 　呉さん　私たち女学生は、男の子と（見てるところが）違うんです。私はまずファッションを見ます。たとえば、登場人物の着てる服とか。それから必ず生活のレベルをチェックします。
　　　われわれ　生活のレベルってどういうこと？
　　　呉さん　たとえば、どんなモノを使っていて、どんな遊びをしているとか。
　　　林くん　細かいとこを見るんだよね。
　　　呉さん　流行りのモノをね。

66 　2時間のインタビューのあいだ、呉さんと林くんの携帯電話は鳴り続けた。主人公がもっている最新のケータイ、使い方、ストラップも、もちろん日劇のなかでチェックするポイントだ。［中略］

67 　しかし、中流階級にあこがれる呉さんが「生活のレベル」というのは、使い捨てのファッション情報だけではない。日劇はもっと幅広い暮らしのカタログとして機能していた。主人公がどんなところに住んで、どんなところで仕事をして、カバンになにを入れて、彼はどんな人で、仕事が終わると2人はどこへ出かけて

いって、どんな会話をして、夜はどこに泊まるのかといった暮らし方全般に学生たちは熱い視線を注いだ。[中略]

●「女倒追男」

　日劇の暮らしのなかで恋愛はとりわけ自由に映る。たとえば、織田裕二扮する永尾完治が、鈴木保奈美扮する赤名リカの一人住まいのマンションに泊まっていく様子。蘇州で会ったイガグリ頭の沈大新くんは、「こっちなら両親に隠れてこっそりデートしなくちゃならないのに」とこぼす。上海の復旦大学の経済学部博士課程に在籍している趙青さんは、もっとお説教口調だ。

　「（日本は）西洋っぽい。なんと言っても、彼らの生活態度は私たちと違います。日本人はいま、男女関係に対する態度がますます緩やかになっているようです。中国の伝統的な道徳観念とは違います。日本は伝統的な道徳観が男女関係にはあまりないようです。たとえば、同棲はぜんぜん平気みたいだし、私たち（中国）のドラマのなかではあまり口に出せない言葉がスラスラ普通に日劇のなかに出てきます」。

　『東京ラブストーリー』の主人公リカは、ためらう完治に「好きだ」と言わせてしまい、しかもその返しにニッコリ笑って「ねぇ、セックスしよう！」と投げかける。プチブル本の恋愛指南は、恋人と夜はともにするけど結婚には縛られないのが「小資的婚恋方式」。先のことにとらわれず、自分の感情に正直にロマンチックな恋をと説く。プチブルブームの2002年でさえ新しいとされた自由な恋を、『東京ラブストーリー』は90年代半ばに演じてみせた。

　そして、『東京ラブストーリー』は、女性主導の恋のかたちを指す「女倒追男」の地位を押し上げた。チャイナドレスのシンデレラ物語では、裕福な青年が不幸な女の子を見初め、豊かな暮らしへ救い上げてくれると相場が決まっていた。『東京ラブストーリー』は、そんなパターンを覆す。帰国子女のリカは、地方出身の完治を「なにがあるかわからないから、元気出るんじゃない」と対等を通り越し、初めから先に立ってリードする。しかし、最後にはそんな彼女を持て余す完治の幸せを思い、パッと身を引いてしまう。実らぬ恋の結末はそれまでのテレビドラマにはない「残缺美（欠けたる美）」として話題になった。

　上海で土木工学を勉強している凌奇くんは、言うことなすこと大胆なリカがお気に入りだ。国内のドラマにはない女性像だと言う。

　「リカは、女子学生より男子学生に与える影響が強かったと思う。ぶっちゃ

けて言うと、彼女が男子学生一部の審美眼みたいなのを左右したんじゃないかな。このドラマを見て、かなりの男子学生が女子学生の見方を変えたよ。ホントに」。

75 　伝統的な男女間の力学を越えた恋は、日劇のお家芸だ。自立した彼女、かなり年下の彼氏、男女友達の同居など、日本の多くの視聴者にとってもやや現実離れした幻想の世界を、中国の大学生はまったく新しい付き合い方として、新鮮に受けとめた。そしてマンションで腕枕の2人にあこがれたら実行へ。そうした住居環境も少しずつ整いつつある。これまで大学は全寮制で、4人から6人部屋というのが普通だった。それが、徐々に個室や2人部屋に変わりつつある。大学の掲示板にはオフ・キャンパスの賃貸住宅の広告が張りだされ、経済的に許せば1人暮らしもまったく不可能ではない。

76 　もちろん、豊かさは男女関係をリベラルにするだけではない。女性の保守化にもつながる。王成と楊天は、『当代大学生情愛世界』（2000: 182-183）のなかで、大学キャンパスの「新愛情現象」として、商品経済の波が押し寄せるにつれて、恋人を選ぶ際に物質的条件に重きをおくようになったという。人民日報は、中国で上海の超一流校復旦大学で、卒業を半年後に控えた女子大生がお見合いに忙しいと伝えている（asahi.com 2003）。復旦大学で中国文学を学んでいる2年生の胡幸さんは、同級生の女の子には将来の明るそうな「お婿さん探し」に来た子がかなりいるという。一流大学を出て専業主婦になり、おしゃれなランチにおでかけするというのも新しい夢のかたちだ。[中略]

●開放された夢

78 　中国の改革開放政策は、大学生の夢も開放した。市場経済に移行するにしたがって、社会移動と成層の分化が進み、中国は次第に階層社会になりつつある。そんな上昇志向が渦巻くなか、若者が自分の階層に見合ったスタイルの消費と娯楽のお手本を求めたことが日劇ヒットの背景にあり、プチブル本ブームの引き金でもある。リースマン（Riesman 2001）が1950年代のアメリカで「他人指向型」文化と名付けた、都市在住の下層中産階級の若者が周囲に巧みに同調していく現象が中国にも到来したと言えるかもしれない。

79 　ゆとりは、ちょっと進んだライフスタイルへの好奇心へとつながり、それまでハリウッド大作に胸を躍らせたり、台湾の恋愛小説に涙したりしていた大学生の幻想の世界地図に、華人のネットワークを通じて日劇が現れた。彼らにとって日劇は手軽なデジタル・ファストフードであり、またそこに描かれている「生活に根ざした話だけれど、理想の生活に根ざした話」はプチブル暮らしのビデオ教本

だった。

　『東京ラブストーリー』を始めとした日劇は、話は理想化されているけれど主人公はフツウの人で、外国の作品だけれど隣国はまったく異質でもないという心地よい距離感で幻想をくるみ、将来はプチブル、そして願わくはミドルクラスへと意欲を燃やす学生たちに、「もしかしたら私も」という夢を与えた。学生のなかにはドラマの描き出す幻想を日本の現実と錯覚し中国の未来像として語るひともいれば、中国の巨人たちを引き合いに出し、日劇は近代化の参考になるが中国の将来は別とするひともいる。いずれにしても彼らに共通しているのは将来への自信だろう。

　中国では日劇のヒットに触発されて、1999年ごろから国産のトレンディドラマの制作が始まっている。背伸びすれば届きそうな等身大の夢を、国内で制作しようというわけだ。［中略］ところが、これまでのところ中国トレンディドラマは、大学生のあいだではあまり評判が芳しくない。［中略］

　ドイツに留学の準備を進めている張珍さんは、『ビューティフルライフ』のノベライズ版小説をむさぼり読むほど、日劇が好きだ。上海っ子の彼女は、地元で撮影された国産トレンディドラマに、距離を感じるという。

　「たとえば、上海のとても豪華で高級なところ（が出てくるけれども）、そんなところに私たちは行けないですよね。だから、国産のトレンディドラマはなんだかでたらめに作り上げたものという感じがしてしまいます」。

　日本に気軽に観光に出かけられる台湾や香港の人たちと違い、大陸の大学生にとって海外への渡航は基本的に留学以外に道がない。張さんの場合、まだ見ぬ地東京だと高級感をイメージして夢見心地になれるけれども、地元上海の高級感だと手の届かない現実が立ちふさがるということだろうか。そこで生じる大学生の夢と国策のあいだのズレは、また華人のネットワークを通じて海賊版ソフトが埋めてゆく。

　こうして、若い世代がちょっといい暮らしを模索する中国では、管理された放送と海賊版ソフトの流れが交錯を続けている。

［注］
1) 文中の登場人物はすべて仮名とした。
2) 1998年秋から1999年春に行なった日本のイメージの調査は、香港城市大学において梁安玉（Maggie Leung）、潘予翎（Yuling Pan）、李楚城（David CS Li）と共同で行なった。
3) もちろん、日劇ファンはエリート予備軍以外にもいる。江南地区の週刊テレビガイ

ド『上海電視』(簡1999) は、さまざまな職業の視聴者がいかに日劇の受容をしているか特集している。美容師は、木村拓哉のおしゃれだけど、行き過ぎてはいないヘアスタイルに注目。スチュワーデスは、日劇にメークの仕方や、服とアクセサリーのバランスを学ぶ。またバス運転手は、日劇は暴力、早熟な若者の愛、愛人などを美化し、青少年を指導すべしというテレビドラマの社会的責任を怠っていると苦言している。視聴者がそれぞれの立場や観点から、自分なりに日劇の要素を切り取っている様子がうかがえる。

4) 中国国家教育部は『1999年全国教育事業発展統計公報』で、4年制大学と短大への入学者が159.68万人、成人高等教育(職工高等学校、農民高等学校、管理幹部学院、教育学院、独立通信学校、放送大学)は115.77万人であり、以上を合わせた進学率が10.5%と発表している。そこから大学と短大だけを取り出し計算すると、約5.9%となる。

5) 包 (2002) は「中富階層」としている。

[著者註]

　中国の大学生と日本の大衆文化の調査は、2000年から2002年にかけて中野と呉が共同で行なった。大学生のインタビューは2001年春に北京、南京、広州で計42人、2002年夏に上海、蘇州で計24人行なった。調査にあたり、2000年には、中野が国際交流基金日米センターの「安倍フェローシップ」、また2001年度には、呉が住友財団から中野との共同研究へ「アジア諸国における日本関連研究助成」を受けた。

　また草稿の段階で「安倍フェローシップ・コロキアム」で発表する機会を得て、平川祐弘先生、国際交流基金日米センターの給田英哉所長を始め多くの方にコメントをいただいた。この場をお借りして、心からお礼を申し上げたい。

[参考文献]

asahi.com. (2003)「日中飛鴻　人民日報ニュース——上海・女子大生は職探しよりお見合いに大忙し」1月24日付。

岩渕功一 (2001)『トランスナショナル・ジャパン——アジアをつなぐポピュラー文化』岩波書店。

丁寧 (2003)「エンターテイメントの覇者も、韓国の追い上げに……」『外交フォーラム』1月号、41-43頁。

包暁光編著 (2002)『小資情調——一個逐漸形成的階層及其生活品味』長春、吉林撮影出版社。

黄海波 (2002)『小資女人　Petty Bourgeoise』北京、華文出版社。

簡平 (1999)『日本青春偶像劇——美麗的【潘多拉魔盒】』上海電視2月C期、14-17頁。

陸学芸主編 (2002)『当代中国社会階層研究報告』北京、社会科学文献出版社。

童加勃 (2001)「打撃盗版　刻不容緩」『中国電影市場』1月号、22-23頁。

王成・楊天 (2000)『当代大学生情愛世界』北京、中国国際広播出版社。

中国国家統計局編 (1998)『中国統計年鑑』北京、中国統計出版社。

Riesman, David (2001) *The Lonely Crowd : A Study of Changing American Character*, New

Heaven : Yale University Press.

Yang, Mayfair Mei-hui ([1997] 2002) "Mass Media and Transnational Subjectivity in Shanghai : Notes on (Re)cosmopolitanism in a Chinese Metropolis", in *The Anthropology of Globalization*, eds.,Inda,J.and Rosaldo, R., pp. 323-349.

(中野嘉子、呉咏梅「プチブルの暮らし方　中国の学生が見た日本のドラマ」、岩渕功一編『グローバル・プリズム——〈アジアン・ドリーム〉としての日本のテレビドラマ』平凡社、2003年)

テーマ6

クローンと生命

25人のマリリン・モンロー

(A. ウォーホル「マリリン・ディプティック」1962年、ロンドン、テート・ギャラリー所蔵)

[資料] 1 ヒト・クローンは本当に禁断の技術か?

　ゲノム科学の進歩がもたらす社会的・倫理的な混乱は、これから急速に拡大し、いまだわれわれの予測もつかない、非常に多様な波及効果をもたらすことだろう。ここ当分われわれは、ヒトゲノムを解明し、それを支配しようとする過程で、逆に遺伝子のもたらす情報に振り回され、それによって人間の中に新たな生物学的ヒエラルキーを設け、そこから得られるはずのメリットを自ら台無しにするようなふるまいを続けそうである。 01

　が、しかし、そんなものはしょせん一過性の混乱にすぎない。本当に遺伝子が個人の人格形成や肉体上の形質に与える影響の大きさを評価する方法が確立された時──そして、人間が自らの意思で、そのゲノムの中からマイナス要因となるものを除去することに禁忌を抱かなくなった時、今われわれが問題視している要素はほとんどすべて、その根拠(というほどのものがあれば)を失い、無化され、自然消滅していくはずだ。 02

　病原性の遺伝子が遺伝子診断で発見され、何歳頃までに自分は不治の病に冒されるであろうことが告げられた人は、将来の、より洗練された遺伝子治療によって、確実に病根を絶つこともできるようになるだろう。[中略]より根源的な解決策としては、今日行われている受精卵段階での遺伝子診断よりもさらに前に、卵ないし精子の段階で問題のある遺伝子を潰してしまうことも、これから一般化するだろう。この方法が実現すれば、今日のように、受精してから胚を選別することにともなう倫理的問題も解消される。最終的には、遺伝子治療とは、このレベルで、ヒトの生存にとって好ましくない変異をすべて根絶することにこそあるはずだ。 03

　現在、何らかの遺伝病を持つ人々も、社会の認識が遅れ、誤っているために起こる偏見と、病気の根絶のための遺伝子治療とは別次元のものであることはむろん認識している。ヒト遺伝子に手をつけることをタブー視する考え方は、少なくともこの一角においては確実に消えていかざるを得ない。本来、変異さえ起きなければ一生健康に過ごせるはずだった人の遺伝子上に、たまたま偶然によって生じたコピー・ミスの結果、子孫代々にわたって病気を背負っていかなければならなくなるのは事故ととらえるべきであり、それを修復することを、神の領域を冒す行為として禁ずるのは誰が見ても理不尽である。これを修正することができるにもかかわらずそれを認めないのは、明白に生存権の侵害であろう。[中略] 04

05　このように、ゲノム科学に対して世間一般が持つ漠然たる倫理上の不安や危機感は、つまるところ、現在のわれわれの知識と技術のレベルが低すぎるか、われわれ自身の無理解に起因する部分がきわめて大きい。例えば、近年とりわけ話題になることが多く、かつ批判にさらされる頻度も高いクローン技術は、その典型である。

06　ご存じの方も多いと思うが、この数年来急速にバイオ・テクノロジーの世界で巨大なトレンドへと成長したクローン技術は、それ自体別にヒトゲノム計画に関連して生まれてきたものではない。今回のクローン・ブームの火つけ役となったのは、イギリスの半官半民のバイオ・テクノロジー研究機関、ロスリン研究所で1996年に作られた、世界初のヒツジの体細胞クローン、ドリーである。

07　クローンとは、本来、ギリシア語で「小枝の集まり」を意味する言葉である。木の枝は先端部分では細かく分岐しているが、元をたどっていくと結局すべて一本の幹から生えた同じ個体である。これと同様、単一の個体から通常の有性生殖の過程を経ずに生まれ、すべての個体がまったく同じゲノム組成を持つ個体群をクローンと呼ぶ。ヒツジのドリーは6歳のメスのヒツジの乳腺組織の細胞からとられた細胞核を、別のヒツジの核を抜いた卵細胞に入れ、以降は通常の発生過程を経て生まれた個体で、当然細胞核を提供した個体とゲノム組成が完全に一致し、その正真正銘のクローンである。従来、脊椎動物において、体細胞からのクローン培養が成功したのはせいぜい両生類までで、哺乳類では、発生の始まった卵を二分割した人工の一卵性双生児以上に複雑なクローンを作ることができず、体細胞クローンの実現は相当に困難であると考えられていた。

08　なぜなら、最初はたった一個の卵から始まった胚の発生も、細胞が次々に分裂を繰り返す過程で、複製され、受け継がれていくゲノムは徐々に特定の目標にのみ機能が絞り込まれ、ついには肝臓細胞なら肝細胞、リンパ球ならリンパ球しか生み出さないまでに極限されてしまうからである。

09　しかし、ロスリン研究所の研究者たちは、「血清飢餓培養」と呼ばれるテクニックを導入し、体細胞核を活動状態から休眠状態に戻して「初期化」してしまうことにより、ゲノムのいわゆる「全能性」——これからどんな組織にでも分化しうる、本来のポテンシャルを取り戻させることに成功したのである。

10　この方法が明らかになると、世界中の研究者が哺乳類の体細胞クローンの研究にどっと参入し、たちまちこの分野がバイオ・テクノロジーの中でもとりわけ活況を呈することになった。その後わずか数年のうちに、ウシ、ブタ、マウス、ヤギからパンダ（ただし今のところは胚まで行ったのみ）まで、さまざまな動物のクローンが続々と誕生し、2000年には、マウスのクローンから体細胞核をとってさらにクローンを作る継代クローンを6世代目までつなぐ実験も行われた。また、

クローンの雄ウシを父親とした子ウシも誕生しており、クローンの生殖能力が通常個体と変わらないこともすでに立証されている。

体細胞クローン技術は、言うまでもなく商業的に非常に大きな価値を持つ。この方法を使えば、非常に優良な血統の家畜を一度に何百、何千という数に増やすことも可能だし、絶滅寸前の稀少動物をこの方法で増やすこともできる。しかし、なぜクローン技術がこれほど一般の関心をひきつけてやまないのかと言えば、やはり、これがヒトにも応用可能であるという点に尽きる。そして、ここにおいて、現実とはまったくかけ離れたクローンのイメージだけが独り歩きを始めているのである。

ヒト・クローンを作ることは技術的に決して不可能ではない。これまでにも、すでに何度か、ヒトの体細胞クローンが作られた、あるいは作られかけたというニュースが報じられたことがある。古いところでは、すでに1978年、アメリカの科学ジャーナリスト、デヴィッド・ロービックが、世界最初のヒトの体細胞クローン誕生を報じていたが、これはどこの誰が実施したものか一切発表されておらず、まず間違いなく創作だろう。

98年9月、シカゴで不妊症治療の研究を行っているリチャード・シード博士は、不妊症のカップルを対象にクローン作りを請け負うと発表、最終的には年間500人のクローンを生み出すと宣言したが、これは技術的にも資金的にも個人規模では不可能と見られる。同年12月、韓国の慶煕(きょんひ)大学付属病院の研究チームは、30代女性の未受精卵に本人の体細胞核を移植、これを胚まで育てることに成功したと発表した。この発表は韓国国内に大きな波紋を巻き起こし、市民団体などの反対声明が相次いだが、その後の調査で、この成功報告には疑問が残ることが指摘され、これが本当に成功したのかどうかは疑わしいとされる。

2000年1月、中国の上海(しゃんはい)第二医科大と上海(しゃんはい)市遺伝子研究センターの合同研究チームは、病人から採取した細胞核を分化前の卵である卵母細胞に移植し、これを胚にまで育てることに成功したという。また、同年3月には湖南(こなん)医科大学の人類生殖工程研究室で、女性の成熟した卵細胞の核を抜き、本人の体細胞の核を移植して胚まで育てたと発表した。

要するに、もはやヒト・クローンの製造に関しては何ら技術上の秘密はなく、明日にでも最初のヒト体細胞クローンが生まれたとしても何の不思議もないと言っていい。もはやここまで来れば、原爆と同じく、その技術拡散を押し止めることは不可能だろう。

しかし、この現状に対する一般の反応は決して好意的とは言いがたい。ヒト・クローンという概念は、基本的にまず不気味なもの、人倫ないし自然の摂理に反するものというとらえ方しかされておらず、これまでに発表されたどのような世

論調査でも、ともかくヒト・クローンに関しては回答者の80%から90%、ないしそれ以上が反対を唱えるのが常である。これは、一般市民でも生命科学の研究者でも変わらない。

17　これには、おそらく、クローンというものに対するマスコミの報じ方にも大きな原因が求められるだろう。78年、ロービックがヒト・クローンの誕生を報じた時も、その3年後にスイスでマウスの体細胞クローン実験に成功したという情報が流れた時も（これも後に捏造が発覚した）、マスコミは、クローン技術によって人間が工場生産される、ヒトラーやアインシュタインが何百人でも作れる、といったセンセーショナルな報道を行った。ドリーの誕生を報じるドイツの有名週刊誌は、今回もまた、ヒトラーやアインシュタインや美人モデルがずらりと隊列をなして行進するイラストを表紙に掲載し、イギリスでは、ヒト・クローンに反対する議員たちが全員同じ仮面をつけて議会に臨むというパフォーマンスを展開した。——むろんこれらの人々は、同じゲノムを持った人間は同じ人格も持つと固く思い込んでいたわけである。

18　しかし、もちろん言うまでもなく、同じゲノムを持って生まれたからと言ってまったく同じ人間が出来上がるわけではない。たとえ一卵性双生児でも、その日常生活の間に接する情報、経験のわずかな違いが積み重なり、やがては明白に違う別個の人格が出来上がっていく。

19　人間の人格形成に、どこまで遺伝的要因がからんでくるのか、これについては、前述したように、今のところ確かな答えは出ていない。まったく関与していないということはないはずだが、一方で環境要因が非常に重要であることも間違いない。［中略］

20　ともあれ、つきつめて考えてみると、クローンというのは単に、年の離れた双子の兄弟を作る、という以上になんの意味もないことは明白だ。ドリーの成功が発表された当時、ロスリン研究所には、これが永遠の若さを保証してくれる技術と勘違いした世界中の女性から、自分のクローンを作るよう依頼が殺到したというが、たとえクローンが生まれたところで、オリジナルの方は、他人の人格を宿す若い自分の肉体に、ただ嫉妬するだけの結果に終わるだろう。クローンが成長していくにしたがい、自分の生得的気質のいやな部分をそこに見いだし、自己嫌悪に陥るかもしれない。あるいは、親族に遺産を渡したくない富豪が、自分の相続人としてクローンを作る、などということもあるかもしれないが、これもつまるところ、独立した人格を持つ相続人が一人増えるだけの話にすぎない。法学者のなかには、クローンの相続人としての法的立場など、その権利の範囲を真剣に考え始めている人もすでにいるに違いない。

21　おそらく、21世紀の最初の数年以内に、最初のヒト体細胞クローンは誕生する

だろう。そして、ヒト・クローンに対するわれわれの精神的障壁はなし崩しに無くなっていき、特定の条件下ではクローンの製造を認める法案も各国で作られるようになるだろう。クローンは、それ自体あくまでも、どこまでもただの人にすぎない。それは単に、地球の人口を増やす新しい方法ができたということを意味するだけである。

　ただ、それでも、特定個人の人格より肉体そのものに興味を持つ人間にとって、クローン技術は危険な誘惑となるかもしれない。例えば、完全にアンダーグラウンドの世界でアイドル・タレントなどの闇クローンが作られ、マニアに密売される、などといった犯罪がこれから実際に起こる可能性もないとは言い切れないわけである。あるいはまた、政治的・宗教的な神輿としての価値を持つ特定個人のクローンが作られ、特定集団の団結の象徴としてかつぎあげられる、ということも考えられる。旧ソ連共産党の残党が、保存されているレーニンの遺骸からゲノムを採取してそのクローンを作ったりすれば、意外にその下に集まってくる人間も多いのではあるまいか。ばかばかしいと一笑に付す前に、将来のゲノム科学がどれほどの可能性を持つか、われわれはもう少し真剣に考えておいた方がいいかもしれない。

（金子隆一『ゲノム解読がもたらす未来』洋泉社、2001年）

課題 資料1から資料2へ

まとめよう

[1] 筆者はヒト・クローンについてどのような意見を持っているか。
[2] [1]から見えてくる問題点は何か。

課題

クローンについての議論を、個人の尊厳という視点とクローン人間批判を批判する視点の両方からとらえ、自分の考えを整理せよ。

◆資料2A　遺伝子からのメッセージ
◆資料2B　クローン人間批判の落とし穴——優生思想

資料2のキーワード

> クローン　遺伝子操作　個人の尊厳
> 環境　医療　産業　法律　倫理

資料2を読もう

[1] どちらかの資料を選択せよ。
[2] 選んだ資料から、次の点をすべて含めてまとめよ。
　　1) 筆者が主張していること・伝えようとしていること
　　2) 1)の論拠
　　3) あなたの考え
[3] もう一歩先に進みたい人へ
　　[2]の参考になる資料があったら、付け加えてまとめよ。

[資料] 2—A 遺伝子からのメッセージ

●個人の尊厳

憲法上の価値

　憲法13条は、「すべて国民は、個人として尊重される。生命、自由及び幸福追求に対する国民の権利については、公共の福祉に反しない限り、立法その他の国政の上で、最大の尊重を必要とする」と定める。この前段は、通常、個人の尊厳を宣言したものと解されている。憲法の列挙する基本的人権の数々の根源の位置を占める。だからこそ、後段では、個人の有する価値が国政上最大の尊重を要するとまで宣言されたわけである。

　ただ、個人の尊厳の理念は、抽象的である。国民が憲法訴訟を提起する際に依拠すべき憲法の文言は各種人権を定めた条項が充てられるべきであり、人権のカタログに漏れはしたがなお憲法的保護に値すると考える権利の憲法上の根拠として、補充的に個人の尊厳を定める13条が担ぎ出されるべきである。この場合、思いついた利益が何でも人権のカタログに補充されるというのは独善にすぎる。やはり、個人の尊厳が侵害されたと主張するには、個人としての本質部分が侵害されたことを要し、たとえ明文はなくとも、憲法の理念全体からして許容できないというほどの重要な場合に限定されるべきである。こう考えると、ある利益の侵害を個人の尊厳の侵害と評しうるのは、かなり限られた狭い範囲しか考えられないこととなろう。

　ここでは、遺伝子やDNAの操作をめぐる各種利害の調整の中で、個人の尊厳が問題となる場合について一瞥してみることとしよう。

クローン人間

　クローン人間とは、ある人間を基準として、その人間と全く同一の遺伝子をもつ別の人間を創った場合のその別の人間を元の人間に対する関係でクローン人間と呼ぶ。［中略］体細胞各個に全情報を含む［中略］ので、ある人間の体細胞を取り出し、その中のDNAを用いて新たに発生をさせれば、遺伝的には全く同一の別の人間、すなわちクローン人間を創り出すことは、机上の理論としては考えられる。

　実際、アメリカでヒトの受精卵を使った分割培養実験がなされ、クローン人間創りに道を開くとして倫理的に議論を呼んだことがあった（『朝日新聞』1993年10

月29日付朝刊、『日本経済新聞』同月25日付朝刊)。1997年2月から、マスコミはクローン人間の話題を大々的に報じ始めた(『朝日新聞』同月26日付朝刊)。ニュース源は、イギリスのウィルムット博士らが同月『ネイチャー』誌に発表した「胎児と成体の哺乳類細胞に由来する生物体」と題する約3頁の論文である。これによると、雌羊の乳腺細胞から核を採取し、これを別の未受精卵から核を取り除いたものの中に移植し、培養後に代理母(別の羊)の子宮に移し、こうして誕生した子羊「ドリー」は7か月後も無事成育中であるという。発生による分化が完了し全能性を喪失した成体細胞の核に全能性を蘇らせた点、しかも哺乳類でこれをなしとげた点は画期的成果である。技術的には、クローン人間の誕生も遠くないと見られている。この論文を契機としたクローン人間についての論評は、目白押しの状況にある。1997年6月にアメリカのデンバーで開催された主要国首脳会議は、クローン人間の禁止のための国際協力が必要である旨宣言した。本書の刊行は、かようなホットな環境の中にある。

09　クローン人間を創り出す技術は、今のところなくとも、個人の尊厳の意味を考えるうえでは、好個の話題であるから、一言しておこう。

10　人は、一人ひとり皆違い個性がある。その違いは、先天的なものと後天的なものとに分けられる。このうち、先天的な違いは、主として遺伝子の違いによるものである。個性や同一性のもとは遺伝子にある。ところで、ある人と同一の遺伝子をもつクローン人間が登場したらどうなるであろうか。人は、遺伝子の同一な場合を知っている。一卵性双生児である。お互い顔は同じで、肉体的な事柄はすべて同じである。彼らが、相互に自他を認識するには、他人との間とは別異の特別な方法が必要であろう。一卵性双生児は、自然の営為の成せる結果であり、社会的に周知のこととして受容されている。

11　しかし、ある人のクローン人間が人為的に創り出されたら、これに対する反応は、一卵性双生児とは全く異質なものとなろう。周囲の人の目からすれば、ある人のコピーが突如として登場するわけで、もとの人との関係は既存の常識では予想すらできず、社会的に受容は困難である。「クローン人間は人間か？　動物か？　モノか？」を問いかける小説『禁断のクローン人間』(ジャン＝ミッシェル・トリュオン、長島良三訳、新潮文庫)がある。

12　さらに、ここでは、もとの人についての個人の尊厳の点から、看過することのできない論点が控えている。すなわち、個人の尊厳の理念は、個人の有する個性を尊重することを大前提とする。個人を全体の構成員、つまり顔(個性)を抜きにした烏合の衆のうちの一人としか見ないのなら、ある個人は別の個人で代用が可能ということになり、個人の尊厳など絵空事になってしまう。個人の尊厳を守るなら、個人をその有する個性と不可分唯一のもの、つまり代替性のないものと

してとらえなければならない。ある人のコピーが自由に創造されるなら、もとの人の個性は唯一性を否定されるのに等しいのである。こう考えてくると、クローン人間の創造は、個人の尊厳の理念に反するというべきである。

遺伝子の改変

　遺伝子を個性の源泉とすると、遺伝子の改変は、個性の改変、つまり従前の個性の一部否定と新たな個性の創造の不可分の結合にほかならない。この場合、前項に見たのと同じ理論状況であり、個人の尊厳を侵害する側面を有することは明らかである。遺伝子の改変により改造人間を創造しようという試みは、常にこの観点から疑いの目を指し向けられる。

　現在、最も現実的な遺伝子の改変の問題は、遺伝子治療であろう。これは、ある遺伝子の欠落により生体に必要なタンパク質を合成できずに病気という形質となって発現しているところ、必要な遺伝子を体内に送り込み、これに必要なタンパク質の合成を指令させて形質を変化させ、発現している病気を治療しようという試みであるから、先に述べた遺伝子の改変という字義に沿わない面もあるが、送り込まれて機能するに至った遺伝子は、もはやその人の遺伝子になったというほかなく、その人の生来的にもっている遺伝子以外の遺伝子が付加されて、ゲノム全体としては改変されたというのを何ら妨げるものではない。そうすると、遺伝子治療は、一般的に、個人の尊厳を侵害する側面を有することは明らかである。

　それでは、遺伝子治療は、許容の余地はないのかといえば、そうではない。一般の治療行為と同じく、その行為自体は一般的には違法であっても治療という正当な目的とこれに対応した手段の社会的相当性の兼ね備わる場合には、違法性を阻却され、結局、適法行為と評価されることとなろう。現在の技術水準では、手段の相当性の点で社会的合意を得るまでには至っていない手法が多く、まさに一つひとつ試みの段階である［中略］。

●公序良俗

法の一般原則

　公の秩序とは国家社会の一般的利益を、善良の風俗とは社会の一般的倫理を意味し、公序良俗とはこの両者を不可分に一体と見た概念である。公序良俗は、直接的に法律の条項に登場する場合としては、公序良俗に反する事項を目的とする法律行為を無効とする（民法90条）場合があるが、この考えは、解釈上法の一般原則とされる。公序良俗の中には倫理感が取り込まれるため、遺伝子操作の結果一般人の倫理感に反する場合には、その許容性につき公序良俗違反の法律問題が提起される可能性がある。

20 　もっとも、公序良俗の法理はいわゆる一般条項であり、やむをえない場合にのみ発動すべきであるので、その適用は慎重でなければならない。

21 　また、公序良俗に反する行動は、刑罰や行政上の取締の対象とされることが多く、この場合、公序良俗は刑罰法規や取締法規の背後にあってその基礎を支える役目を果たす。これは、黒子の役であり目立たないものの、法の実効を確保するための機能は大きい。

22 **キメラ**

23 　キメラとは、「ギリシャ神話で、ライオンの頭、羊の体、蛇の尾をもつ怪物」をいうが、転じて、「二対以上の親に由来する異なった遺伝子型が体の各部で混在する個体」をも指す（『広辞苑』第四版）。種は自然界で交配の可能な限界をいうから、キメラは、この限界を超える産物である。遺伝子操作は、種の壁を超えるのを容易にしたので、キメラの創造は、順次現実的日程に登場していくことであろう。

24 　ところで、これまでの自然界の秩序は、人間を含めて、長大な生命史をかけて、種の単位に構成されてきた。人類の発達させた文明は、当然これを前提とし、公序良俗の内容としてきた。そうすると、みだりにキメラを創造することは、一般人の倫理観から反発を受け、公序良俗上の問題提起に至る可能性がある。

25 　まず、人と動物とのキメラはどうであろうか。動物として人に近い猿を用いれば、比較的人に近いキメラを創造することができる。その用途としては、人に近い知識や作業能力を維持しながらなお人のやりたがらない危険な仕事を専門にやらせること、たとえば、宇宙乗組員や高層ビル、原子力発電所の炉心部の清掃員に充てる場合が考えられる。人と動物との中間的生物が人の定義に入るか。むろん入らない。すると動物と同様に扱ってよいかといえば、そうも割り切れない。人にあまりに近いからである。

26 　このようなキメラを創造することに人の倫理上疑義はないか。人は、権利の主体であり、その生命は至高とされるのに対し、動物は物と同じく権利の客体であり、人の生命とは比べるべくもない。両者間のキメラは、この法的、倫理的基本的秩序を混乱させるため、倫理的に一般人に受容されない可能性が強い。このようなキメラは、その外形自体、不気味という感覚であろう。最終的に、この種のキメラは、倫理的に拒絶されるであろう。

27 　他の生物同士のキメラはどうか。権利の客体たる物同士の融合であるから、倫理上の問題は少ない。ただ、その生物が猿のように人に近い種であったり、家畜やペットのように文化的に人に身近であり特別の思い入れがある場合には、キメラは現存の文化から見ればその基本的秩序に抵触し倫理的に許されないと主張さ

れる場合もありうる。

人の胚の操作

　人の胚が卵割を始め発生の過程を進み、やがて胎児となり、出生へと至る。法律上、人として初めて扱われるのは、出生の時である。この時より人としての権利のすべてを享有する（民法1条ノ3）。それ以前の胎児の段階では、堕胎罪による保護の対象とされるのみである。では胎児とはいつからか。この点は、法律上あまり明確ではないが、子宮に着床し発育するに至った段階からをいうとするのが妥当であろう。それ以前は、胚と呼ぶのがふさわしい。すると、胚は、人でも胎児でもないから、現行法上保護の対象とされないこととなる。もしそうすると、人の胚を研究材料として取り扱うのは何ら法に触れることはないこととなる。

　しかし、胚は、通常の発生の過程を辿れば人となりうる能力を有しており、発生のごく初期にあるからといって何をしてもよいというのは倫理に反する。人の胚に対する遺伝子操作は、生殖細胞への遺伝子治療［中略］と同じ倫理的制約に服すべきである。後述のドイツの胚保護法は、このような考えの具体化と見ることができる。もっとも、その倫理に反する程度は国によって幅があり、アメリカ大統領諮問委員会は人の胚を使ったクローン実験を容認する方針である旨の報道もある（『毎日新聞』1997年6月17日付朝刊）。これからも、その許容の限度をめぐって、幾多の社会的論争の的となるであろう。

DNAサンプルの商品化

　一般紙に、「DNAサンプル1億円、提供者に知らせずに売買話」という記事（『毎日新聞』1994年5月13日付朝刊）が載った。その概要は、「世界的に稀な遺伝病の日本人の患者やその家族から無償で提供された約100人分のDNAサンプルが、患者らの知らないうちに提供先の日本人医師の手を離れて、共同研究相手の米国のベンチャー企業の所有になり、関係者の話で、昨年夏、他のベンチャー企業数社との売買話で1億円の値が付いたことが明らかになった。交渉は成立しなかったが、今も譲渡話があるという。病気解明を願う患者らの善意が金儲けに利用されかねず、この研究に1200万円の補助をした厚生省も事実確認を始めた」というものである。

　厚生省が調査に乗り出し、一般紙がこれを報ずるというのは、常識的に何か問題だと考えたからであろう。微小なサンプルに1億円もの値が付くことはそうざらにあることとは思われないが、法律問題の前提としてはこのような高値でなくとも相当の値が付いた場合ということで話を進めよう。すると、人体の一部を採取しこれを材料として研究して成果を得た場合と一般化できよう。ここで、いか

なる法律問題が考えうるか。

34　一つは、医師の倫理である。当該採取に先立って患者ら提供者に対し採取の目的の一部が自己の研究さらには商業化にある旨告知したか否かである。そのような目的ならば採取は拒絶するという提供者が出てもおかしくない状況にあるのに告知しなかったとなると、医師のインフォームド・コンセントの欠如は否定できない。

35　他の観点としては、商業化の利益は提供者に分配すべきではないかという点である。材料はほとんど無価値であり利益の大部分は研究者の活動に係るとして分配を否定する見解と、研究者の活動も提供された材料もともに利益を生むためには不可欠であった以上相応の分配を認めるべきであるとする見解がありえよう。

36　今、患者Aが主治医Bの指示に従って自己の体内の材料についてBの医学的採取を許容し、これに応じてBが採取した材料を用いて研究、加工したうえ、これを製薬会社Cに高値で売却した場合を考えよう。AからBへの材料の提供は通常無償であるから、それはAB間の黙示の贈与契約の履行と解釈することができる。では、Aは何のために提供するのか。患者の立場にしてみれば、その材料によって検査し、これから得た情報を活用して治療してもらいたいがためであろう。だから、A自身のためなのである。主治医としても、患者のこの意を承知のうえで採取するわけである。この場合、採取された材料は、この目的の範囲内にその使途が限定される。この制限は、単に医師としての職業倫理にとどまらず、法的拘束力を有すると解することができる。すなわち、材料の使途を提供者の治療用に限定する点は、贈与における受贈者が贈与者から受ける負担と構成することができ、すると、前記贈与は、負担付贈与とみることができる。主治医Bが、負担の趣旨に反して、材料を自己の研究用さらには金儲けに利用しようとするの

ヒトクローン胚研究の規制状況

米　　国	法令による規制はなし。政府は資金助成せず。全米医師会は容認の姿勢
英　　国	1990年制定（2001年改正）のヒト受精・胚研究法で限定的容認
フランス	1994年制定の生命倫理法で禁止
ド イ ツ	1990年制定のヒト胚保護法で禁止
韓　　国	2003年成立の生命倫理法で限定的容認
日　　本	2001年施行のクローン技術規制法に基づく指針で禁止
国　　連	クローン人間禁止で一致。ヒトクローン胚は結論を1年先延ばし

（『日本経済新聞』2002年3月1日付朝刊）

は、受贈者の債務不履行であるから、民法541条を準用して、当該契約を解除することができる。すると、Aは、Bに対し、不当利得の返還を請求することができることになるが、提供した材料は、研究や金儲けの途中で、消費、廃棄、譲渡していることが多く、その返還が不能の場合には、その価額の返還を請求することができる。

　前記のDNAサンプルの例では、提供した材料の価額が1億円の時価であるというのなら、その価額が返還の対象となろう。多くは、材料の価額に研究の価額を加えて、その複合的価額として研究の成果が値付けされるから、この中から材料の価額分を算定しなければならない。前記のDNAサンプルの場合のように世界的に稀な病気のサンプルでは、代替性は乏しくその入手は困難であるから、材料自体の価額は、かなり高価と評価されよう。

　ただ、この場合の実務上の問題は、因果関係の立証であろう。すなわち、患者Aが医師Bに対し上記分配金を請求する訴訟を提起した場合、当該研究または金儲けの元となった材料が果たしてAの提供に係るものか否かの点である。世界的に稀なサンプルならその証明は容易であろうが、一般には主治医が材料の入手経路を詳細に記録しこれを正直に裁判所に提出する場合を除いてかなり困難であろう。この困難は、あるいは裁判所の命令によってAから新たに採取した材料と研究または金儲けの元となった材料を鑑定資料としたDNA鑑定によって打開される可能性がある。

　また、主治医Bが当初から自己の研究または金儲けの目的の下に患者Aから材料を採取した場合には、Aの採取の同意は錯誤によるものであり、AB間の契約はBの詐欺によるものと解することができる。この場合には、Aが贈与する旨の意思表示を取消し（民法96条1項）、後の処理は不当利得の問題として、前述のとおりである。

（井上薫『遺伝子からのメッセージ』丸善ライブラリー、1997年）

ヒトクローン胚議論のその後

ヒトクローン胚 容認

基礎研究限定 再生医療を優先

総合科技会議報告案

容認されたヒトクローン胚(はい)の研究
核を抜いた卵子に患者のDNAの入った体細胞核を移植
卵子 → 移植 ← 核
↓
クローン胚
↓培養
胚性幹(ES)細胞
将来 → 患者に移植 拒絶反応がない再生医療
 神経／筋肉／骨
クローン人間 今後も禁止

クローン人間づくりにも転用可能な技術のため是非が問われている人間のクローン胚(はい)の研究が日本で容認されることになった。国の科学技術政策の基本方針を決める総合科学技術会議(議長・小泉純一郎首相)の専門調査会は二十三日、条件付きで認める最終報告案を決定した。倫理的な観点から反対論も強く、海外でも意見は大きく分かれているが、日本としては医療応用への恩恵を優先した。(関連記事3面、社会面に)

クローン人間には防止策

現在は二〇〇一年施行のクローン技術規制法に基づく指針で作製や利用が禁止されている。同法は施行後三年をメドに見直すことになっており、受精卵など胚を取り扱う研究を検討している総合科学技術会議の生命倫理専門調査会が議論。二十三日、多数決を採り、賛成十人、反対五人で、臨床応用までいかない基礎研究に限って容認することを決めた。

また、①クローン人間づくりの防止策やクローン胚の破棄管理、ヒトクローン胚のもとになる未受精卵の入手方法などに関する制度②クローン胚づくりが医療にどの程度応一用できるかを常に検証し、これしだいで研究中止を勧告できる制度——を整備することを条件とした。

同会議は他の胚も含めてヒト胚の研究に関するれる新しい医療技術の実用化の利点を強調してきめる。これにもとづき関係省庁が法律や指針など具体化の枠組みをつくる作業に入る予定だ。ただ、今回、枠組みづくりの期限には触れておらず、実際に研究が開始されるまでにはある程度時間がかかる見通しだ。

これまでの議論で容認賛成派は再生医療と呼び、英国は容認。韓国も最終報告書を七月にまとめた。一方、容認反対派はクローン人間づくりに応用可能であることや、生命の始まりである胚を「道具」として使うことなど生命倫理上の問題を指摘してきた。

ヒトクローン胚研究の是非を巡っては国際的にも賛否が分かれている。米国は政府がクローン胚研究の資金を提供しないことにしているが、禁じる法規制はない。国連でも昨年議論されたが、意見対立が激しかったため、結論が今年末まで先送りされている。日本が容認したことは他国の判断にも影響を与えそうだ。ドイツやフランスは禁じ、英国は容認。韓国も

▼ヒトクローン胚 (はい) クローン人間を生み出すもとになる細胞の塊。胚とは受精卵が分割を始めて間もない命の始まりの状態のことをいう。クローン胚は卵子と精子と受精させるのではなく、卵子に体細胞の核を組み込み人工的に子宮に入れ育てると、組み込んだ体細胞の持ち主と同一の遺伝情報を持ち受け継ぐクローン人間が誕生する。

胚のうちに特殊な細胞を取り出せば再生医療に役立つ。ES細胞はあらゆる臓器や神経などに成長する潜在力を備え、病気や事故で臓器などが損なわれた患者に移植できる。他人の臓器を移植したときのような拒絶反応の恐れを回避できる。

(『日本経済新聞』2004年6月24日付朝刊)

[資料] **2**—B クローン人間批判の落とし穴——優生思想

　クローン人間計画の中心的人物、セベリノ・アンティノリは、以前から「遺伝子検査で異常のある胚」は取り除くと明言していた（『朝日新聞』2001年8月10日付夕刊）。2002年4月以降の報道でも、たとえば4月5日付の『ロイター通信』では次のように伝えられている。 01

　〈アンティノリは、異常のリスクを減らすために、胚を検査（screen）できると主張しているが、ガードナーは次のように言う。「それを実行できる方法はない。見ることができるのは、染色体やその数の大まかな変化だけだ」。奇形だけでなくガンの原因にもなりうる、遺伝子の障害やインプリンティングの問題があるかもしれない〉 02

　アンティノリが染色体異常をスクリーニングすると言っている一方で、［中略］リチャード・ガードナーは、遺伝子ごとの変異やインプリンティング（両親から受け継ぐ遺伝子のどちらを発現させるかというバランスのこと。［中略］）の異常も起こる可能性があり、それをチェックすることはできない、と述べているのだ。 03
　また『毎日新聞』4月6日付では次のように伝えられている。 04

　〈アンティノリ氏はこれまで「クローン人間はクローン羊ではない。人類にとって有益だ」と指摘。さらにクローン人間は不妊に悩む多くのカップルに子供を授けるだけでなく、遺伝病対策にも役立つと意義を強調していた〉 05

　意味がわかりにくいが、おそらく遺伝病を抱える家系の一族でも、発病しない、あるいはその遺伝因子を持っていない血縁者の体細胞を使えば、健康な子孫をつくることができるという意味だろう。 06
　一方、パノス・ザボスがクローン人間づくりを公言した［中略］『アイリッシュ・インディペンデント』の記事［中略］は、次の一文で終わる。 07

　〈彼ら〔クローン・ベビーを望む不妊カップル〕は、もしクローンが失敗したら、中絶することを認める同意書にサインするだろう。彼によると、それは生殖科学では標準だという〉 08

09　この文章の中で「失敗する（go awry）」という表現に注意してほしい。曖昧な表現だが、要するに先天障害のことだろう。

10　つまり、胎児の段階の検査で、何らかの先天障害があるとわかったら、カップルの意思にかかわらず中絶することを、カップルに同意させるつもりなのだ。世界で最初（と認められるかはわからないが）のクローン・ベビーは、身体障害者であってはならないのだ——カップルにとって、というよりも、ザボスやアンティノリたちにとって。〔中略〕

11　●マスコミの論調の問題点

12　アンティノリらがクローン人間騒動を引き起こして以来、マスコミでは、「動物のクローン実験では、死亡率の高さや先天障害が問題となっている。だからいまの段階ではクローン人間をつくることは間違っている」という論調が多く見られた。

13　たとえば2002年4月28日付各紙は、世界で初めての体細胞クローン動物「ドリー」の生みの親であるイアン・ウィルムットが、「世界でこれまでにつくられたクローン動物には、すべて何らかの異常が認められる」と発表したことを一斉に伝えた。そのほかの記事やテレビ番組も、クローン動物の専門家にコメントさせることによって、死亡率の高さや先天障害を強調し、アンティノリらを批判し続けた。

14　しかし、こうした議論の立て方には大きな問題があるはずだ。

15　第一に、技術が向上して、死亡率が低くなり、先天障害が起きないようになれば、ヒトクローン個体をつくってはいけないという主張は根拠を失うがそれでいいのかということ。つまり、この意見では、実験を繰り返すことによって、いつか技術的限界がクリアされれば、ヒトクローン個体をつくってもかまわないということになる。

16　第二に、生まれてくる子どもに"異常"が見られるからヒトクローン個体をつくってはいけないという主張は、それ自体に優生学的な価値観を含むということ。アンティノリたちは、胚の段階での染色体異常や、胎児の段階での先天障害の有無をチェックすると繰り返し公言しているが、真に批判すべきなのは、そうした彼らの生命観ではないのか。彼らはクローンによって何らかの障害を持つ子どもが生まれることを"失敗"とみなしている。つまり優生学的な価値観を前提としているのだ。

17　ところが、ヒトクローン個体反対の理由を"異常"の発生とするならば、アンティノリたちを批判する側も同じ論理を持っていることになる。皮肉なことに、アン

ティノリ自身の発言が、2002年5月8日付ロイター通信でこう伝えられている。

〈ローマ発（ロイター）——最初のクローン人間をつくることを公然の目標としているイタリア人の不妊治療専門家が水曜日、3人の女性がクローンを妊娠していると言ったのだが、この赤ちゃんたちが敵意ある人々から怪物呼ばわりされそうなことについて不平を漏らした〉

〈「一つ確かなことがあります。これらの赤ちゃんたちが生まれるであろう国で、迫害的な雰囲気が変わらないとすれば……最初の赤ちゃんが生まれたときには、みんなこう言うでしょう。『そいつはモンスターだ』」。白髪頭のアンティノリは記者会見でそう言った〉

先天障害を持つ子どもが生まれるのを誰よりも嫌い、胚や胎児の段階で障害の有無をチェックすることを怠らないアンティノリが言うセリフだろうか。しかし、「先天障害があるので、クローン人間をつくってはダメだ」という研究者やマスコミ側もまた、アンティノリと似たような優生学的な価値観を持っていることを、皮肉にも、アンティノリの発言が露わにしている。

そして第三に、生殖目的でヒトクローン個体をつくること（リプロダクティブ・クローン）が騒がれれば騒がれるほど、治療目的でヒトクローン胚をつくること（セラピューティック・クローン）など、ヒト胚やES細胞をめぐる問題が見えにくくなることである。

●総理府による有識者アンケート

2002年6月の中旬、僕がそんなことを考えていたとき、偶然にも興味深い資料を手に入れた。2001年12月1日に和光（わこう）大学で開かれた「科学技術は私たちの生命をどこへ誘うのか？」というシンポジウムの記録である（『和光（わこう）大学人間関係学部紀要』2001年6号）。

4人のパネラーたちの話と討論が再録されていてそれぞれ興味深かったのだが、なかでも僕が興味を惹（ひ）かれたのが動物行動学者である堂前雅史（どうまえまさし）・和光（わこう）大学講師の報告「生命科学技術と私たちの社会——クローン技術を例に」である。ここで堂前（どうまえ）は、ひと通りクローン技術とは何かを説明した後、1998年に総理府が行った「クローンに関する有識者アンケート調査」を題材に、クローン技術をめぐる言説の問題点を鋭く分析してみせていた。［中略］

以下、シンポジウムの記録と彼へのインタビューをもとに論点をまとめてみる。

堂前（どうまえ）が題材に選んだアンケート結果は、1998年8月から9月にかけて、総理府（当時）がクローン技術に関する基本的な考え方を取りまとめるために、各界の

「有識者」を対象に実施したものである。2700人に調査票を送り、2114人（78.8％）からの回答が得られた。

27 　　結果を見てみると、生命倫理問題について「非常に関心がある」という回答と「ある程度関心がある」という回答を合わせると、96.1％にもなっている。特に関心のあるものが何かという質問には、遺伝子治療、臓器移植、脳死、クローン作成、安楽死という回答が多かった。アンケートではこの後、クローンに関する質問が続き、堂前もその結果を分析している。

28 　　このアンケートの中で、
「クローン技術を人に適用し、人の個体を生み出すことは、生命倫理の観点から好ましくないとの意見がありますが、あなたはこのような意見についてどう思いますか」
という質問がある。これには「そう思う」という回答が75.8％を占めた。「どちらかというとそう思う」という回答を合わせると、93.5％にもなる。一方、「好ましくないとは思わない」という回答はわずか4％であった。

29 　　もう少し詳しく見てみよう〔表1、2〕。

30 　　クローン技術が好ましくないと答えた回答の中でいちばん多かった意見は
「人間は男女の関与で生まれる者であり、クローン技術を人間に使うことは、人間の尊厳上問題があるから」
というもので、67.7％を占めた。

31 　　堂前はこの答えに対し、人間の尊厳というのは、男女の関与で生まれることによって成り立っているのか、と疑問を投げかける。この意見は、両親そろっていないとまともな子どもではないというような、古い家族道徳に縛られていないだろうか、また偏見と相通じるのではないか、と。〔中略〕

●遺伝子決定論

33 　　次に多かった意見は、
「生まれてくる人を自由な個人というよりあらかじめ定めた目的達成の手段としてとらえるものであるから」
というもので、43.7％を占めている。

34 　　この回答は、ヒトクローン個体をつくる目的が、自分が臓器不全になったときに使えるよう、臓器移植用のヒトクローン個体をつくること、あるいは小説（もしくは映画）『ブラジルから来た少年』などにもあるように、独裁者の後継者となるクローン人間をつくることなどである場合を想定しているのだろう。

35 　　しかし、そうして生まれた子どもが作製者の意図通りに行動するとは限らない。よくいわれることではあるが、たとえ遺伝子がある個人とまったく同じで生まれ

【表1】 クローン技術を人に適用することを好ましくないと回答した者（どちらかというと好ましくないと答えた者も含む）に対してなされた「あなたの考えに近い主な理由を二つまで挙げてください。」という質問への回答（1998年総理府「クローンに関する有識者アンケート調査」より）

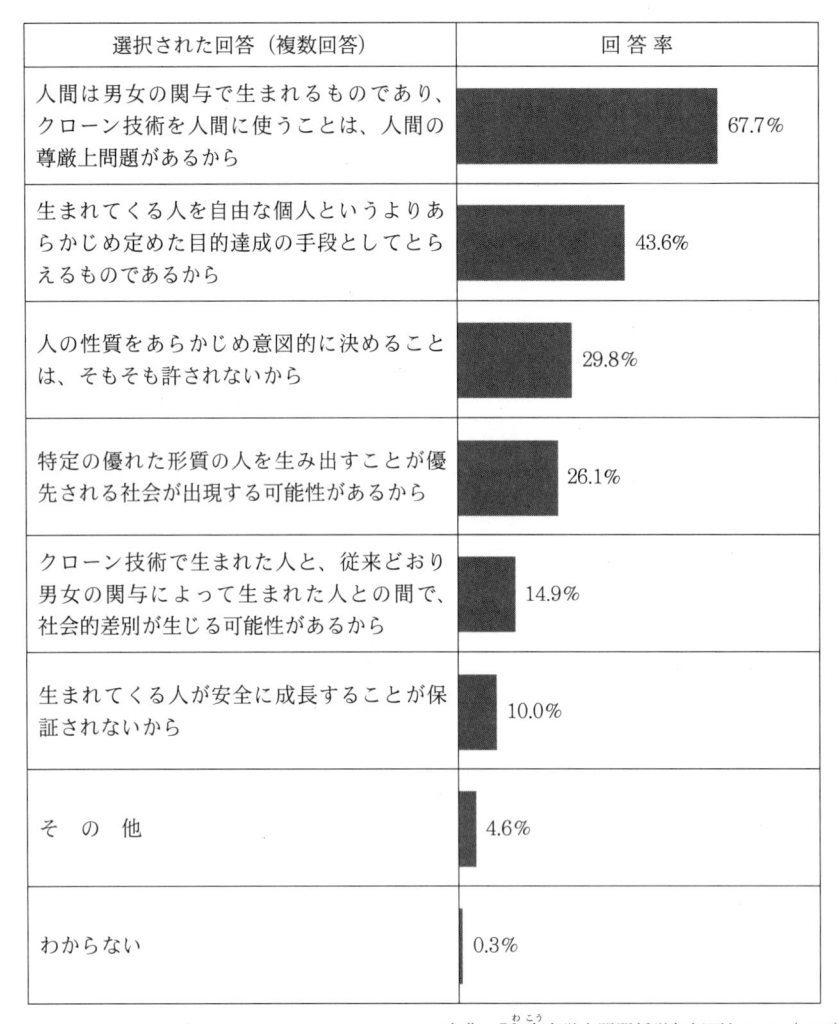

選択された回答（複数回答）	回答率
人間は男女の関与で生まれるものであり、クローン技術を人間に使うことは、人間の尊厳上問題があるから	67.7%
生まれてくる人を自由な個人というよりあらかじめ定めた目的達成の手段としてとらえるものであるから	43.6%
人の性質をあらかじめ意図的に決めることは、そもそも許されないから	29.8%
特定の優れた形質の人を生み出すことが優先される社会が出現する可能性があるから	26.1%
クローン技術で生まれた人と、従来どおり男女の関与によって生まれた人との間で、社会的差別が生じる可能性があるから	14.9%
生まれてくる人が安全に成長することが保証されないから	10.0%
その他	4.6%
わからない	0.3%

出典:『和光大学人間関係学部紀要』No.6（2001）

てきたとしても、外見が多少似ているぐらいで、行動や性格に関しては生後の環境に左右される部分がほとんどであろう。［中略］

次に、
「人の性質をあらかじめ意図的に決めることは、そもそも許されないから」
という意見も多かった（29.8%）。

しかし、ヒトクローン個体をつくってもよいという意見を見てみると、
「クローン技術で生まれてくる人であっても、誕生後の環境要因によって能力・容姿等は変化しうるものであるので、クローン技術を特別視する理由はないから」

【表2】 クローン技術を人に適用することを好ましくないとは思わないと回答した者（あまり思わないと答えた者も含む）に対してなされた「あなたの考えに近い主な理由を二つまで挙げてください。」という質問への回答（1998年総理府「クローンに関する有識者アンケート調査」より）

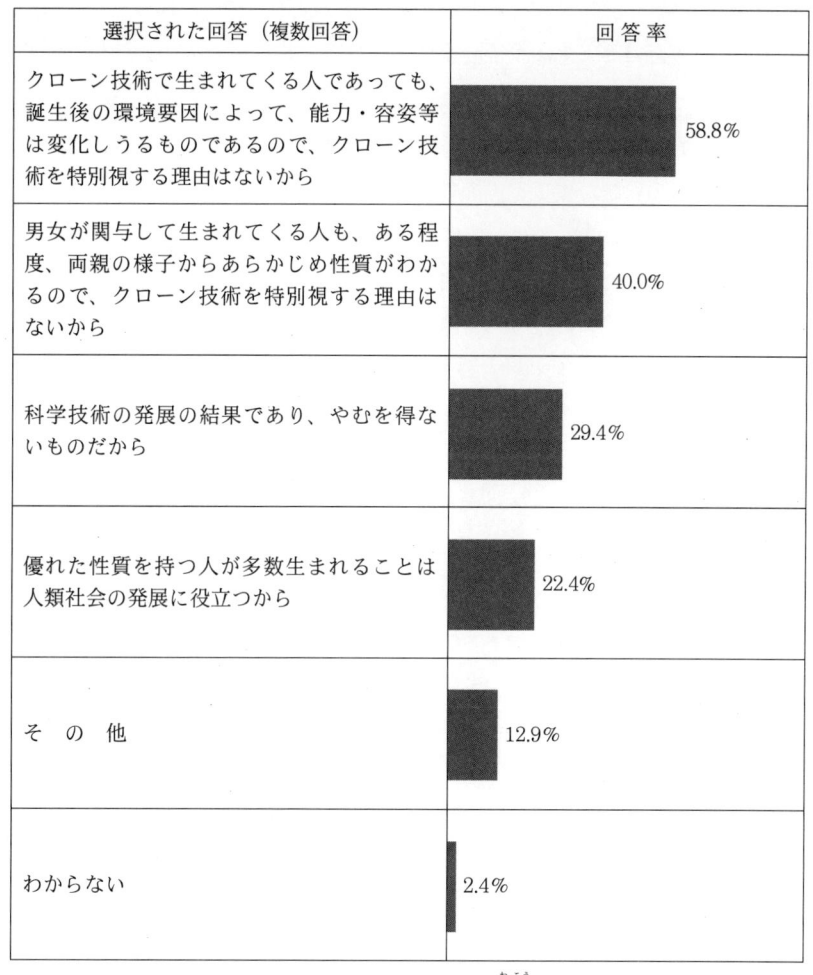

選択された回答（複数回答）	回答率
クローン技術で生まれてくる人であっても、誕生後の環境要因によって、能力・容姿等は変化しうるものであるので、クローン技術を特別視する理由はないから	58.8%
男女が関与して生まれてくる人も、ある程度、両親の様子からあらかじめ性質がわかるので、クローン技術を特別視する理由はないから	40.0%
科学技術の発展の結果であり、やむを得ないものだから	29.4%
優れた性質を持つ人が多数生まれることは人類社会の発展に役立つから	22.4%
その他	12.9%
わからない	2.4%

出典：『和光大学人間関係学部紀要』No.6（2001）

というものがある。堂前は、

〈そうした〔人の性質を決めることが許されないという〕批判は遺伝子決定論的で、批判している人のほうが遺伝子に重要な役割があるという考え方にこだわっている〉　　　　　　　　　　　　　　　　　　　　（前述『紀要』）

と指摘する。
「特定の優れた形質の人を生み出すことが優先される社会が出現する可能性があるから」

という批判もあった（26.1%）。

　これもまた、たとえばアインシュタインの細胞からクローンをつくれば、将来天才物理学者になる子どもが生まれるに違いない、というような遺伝子決定論的な主張にもとづいた批判であるともいえる、と堂前はいう。これもまたクローン技術自体の問題というよりは、「社会全体が遺伝子に基づいた人の価値付けをやってはいけないという問題になってしまう」。
「クローン技術で生まれた人と、従来通り男女の関与によって生まれた人との間で、社会的差別の問題が生じる可能性があるから」
という反対意見（14.9%）に対してはどうか。たとえば、クローン技術で生まれた者が、従来の生殖で生まれた者たちから差別的な扱いを受けるということが考えられる。しかし、堂前はこうした意見を次のように批判する。

〈この子は生まれてきても差別されて不幸な目に遭う、だから生まれないほうがいいだろうという議論になってしまう。それでは、障害者は不幸になるに決まっているから生まれてくるべきではないという議論とどこが違うのかという批判に答えにくい。差別されるから生まれてくるべきではないということは本末転倒であり、むしろ正されるべきは、そういう異質な生まれ方をした者を差別する側の人であり、社会であるということになろう〉

　最後に、
「生まれてくる人が安全に成長することが保証されないから」
という反対意見もある（10%）。僕の見るところ、アンティノリによる騒ぎ以来、マスコミの論調の主流はこの意見に近いように思われる。確かに、動物の実験結果を見る限り、クローンとして生まれてくる個体は死亡率が高く、先天障害が多く見られることもよく知られている。しかし堂前は次のように指摘する。

〈確かに現在の技術は成功率が低いが、新しい技術とはいつもそうではないだろうか。その安全性を高くするためには、この技術開発をもっと進めていかないと話にならない。そういう反論もあり得ることになる〉

●アンケート調査の限界

　堂前は以上のように、クローン技術否定論の問題点を指摘しているのだが、では彼はクローン技術のヒトへの応用に賛成しているのかというと、決してそうではない。［中略］

　前述の総理府のアンケート調査もまた、回答者に問いかけているのは「クロー

ン技術を人に適用し、人の個体を生み出すこと」についての意見であり、「クローン技術を人に適用し、クローン胚をつくって人の治療に役立てること」についての質問項目はない。

46　つまりアンケートが対象にしているのはリプロダクティブ・クローンであり、セラピューティック・クローンは想定されていない。ウィスコンシン大学の研究者たちがヒトES細胞の樹立に成功したことを発表したのが1998年11月だから、そうした質問項目がないことは当然であるが、いま読むとやや物足りないことは否めない。堂前（どうまえ）も同意見のようだ。[中略]

47　堂前（どうまえ）もまた、学生たちへの講義などを通じて、クローン技術について問題提起することの難しさをたびたび痛感しているという。
「このあいだ学生たちに『クローン技術にはどういう問題があると思うか？』というアンケートをとってみたのですが、たとえば『犯罪者が自分の身代わりをつくる』とか、そういう回答が非常に多かった。30年前と変わっていないわけです（笑）。しかも問題点も、マッドサイエンティストのような個別の研究者や当事者が悪いとか、そういう議論になってしまう。想像力が追いついていないわけです。一般の人たちの想像力を追いつかせる努力がもっと必要なのですが……」

48　なお内閣府の調査では、[中略] クローン技術規制法の認知についての質問では、65％の回答者が「はい」と答えている。

49　**●身体を見る"まなざし"の変更**

50　話を戻そう。

51　不妊治療ではなく、死んでしまった子どもの細胞が残っているので、そのクローンをつくりたいと望む人々もいる。実際、ヒトクローン個体をつくると公言しているグループの一つ「ラエリアン・ムーブメント」は、医療事故によって亡くなった子どもの細胞を使ってヒトクローン個体をつくってほしいという父親からの依頼を受けて、クローンを試みている。

52　堂前（どうまえ）は、ヒトクローン個体をつくりたいというこうした動機について、次のように指摘する。

53　〈なぜクローン個体でなくてはいけないのだろうか。養子ではいけないのか。あるいは他の不妊治療法、これも問題がないわけではなく議論があるものではあるが、例えば第三者の精子・卵子ではいけないのか。そういうのでは嫌だ、クローン個体でなければ嫌だと主張する人達の要求の背景には、遺伝子が同じでないと嫌だという欲望が見えてくる。なぜ同じ遺伝子でないと嫌なのか。そのまた背景には、遺伝子が自分の子供における人格の重要な部分を決定してい

る、だから自分の遺伝子でなければ、あるいは特定の人の遺伝子でないと満足できないという考え方がある〉　　　　　　　　　　　　　　　　　　　　（前述『紀要』）

さらに堂前(どうまえ)は、クローン技術が産業システムの中に組み込まれることによって、こうした遺伝子決定論がより拡大される危険性を懸念する。

「多くのクローン人間批判は遺伝子決定論にもとづきすぎているきらいがあります。しかし幻想であったとしても遺伝子決定論にもとづいた需要があり、産業化されることで、そういう欲望を刺激する商業戦略が展開された場合、遺伝子決定論的思考が社会に広がることもあるかもしれません。技術自体よりも、クローン技術が産業化すること、そしてそれを支える欲望、あるいはそういう需要のあり方というものが問題を大きくします。そこに重要な問題があります。産業化、商業化されたときに、それを支える欲望を持つのはわれわれ自身なのです」

クローン技術やES細胞の問題については、「医療」としての側面ばかりが語られ、「産業」としての側面があまり語られていない。このことにいらだち続けてきた僕は、堂前(どうまえ)の言葉に大きくうなずいた。

最後に堂前(どうまえ)は、シンポジウムではほとんど言及しなかった再生医療について、インタビューでこう補足してくれた。

——シンポジウムでは、ヒトクローン個体の問題を中心に話されたようですが、再生医療についても同じようなことがいえるのではないでしょうか？

「当事者たちだけを巻き込むという問題ではなくなっていくでしょうね。細胞が資本主義社会の中を移動していくということですから……」

——遺伝子決定論の拡大とはまた別の問題もあるのでは？

「はい。身体全体でなくても、再生医療などでたとえば肝臓など身体のどこか典型的な一部分をつくり出すことさえできれば、身体をとっかえひっかえできるようなイメージが人々を覆い、生命観に大きな変更がもたらされるかもしれません。たとえ技術が追いつかなくても、人間のなんでもかんでもが再生できるというおかしな想像が先行すれば、それはへたな現実よりも生命観に影響するでしょう。現時点でできなくても、未来型でできるというイメージだけでいいのです。そうして身体を見る"まなざし"が変化し、その気になれば人間は取り換えが利くかもしれないというイメージができあがる。こうした人間関係が基礎となる社会をわれわれは望んでいるのでしょうか……」

堂前(どうまえ)の言葉を僕なりに解釈すると、再生医療がこのまま無分別に進展すれば、僕たちがお互いの身体に向ける"まなざし"は、僕たちが石油や鉱石のような産業資源に向ける"まなざし"に近いものへと変化しかねないということだ。そうした産業資源は、当然ながら、"質"が問われるようになるだろう。その"質"もまた、遺伝子レベルで測られるようになるのかもしれない。

58　次章では、やや視点を変え、クローン技術の現時点での技術的な限界を見きわめる。

59　　　　　　　　　　　　　　（粥川準二『クローン人間』光文社、2003年）

おわりに
文化へのまなざし

空 と 水

(M.C.エッシャー「空と水Ⅰ」1938年、ハーグ、ハーグ市立美術館所蔵)

越境する文化・変容する価値観のまとめ

❶ 「越境」と「変容」というテーマを通して、考えたこと、あるいは感じたことは何ですか。

❷ 「越境する」あるいは「変容する」ということに必要な要素はどのようなことですか。

❸ 「異文化間変異」についての識者の言を読み、本書を読んで考えたことを整理しましょう。

　　異質な文化要素が受容される際に生ずる［中略］大きな歪みは、日本文化だけに観察される現象ではない。どの文化においても新しい文化要素を取り入れるということは、単に既存の世界観に新しい要素が並列的に加えられるということではありえず、既存の構造と異物との間の葛藤を通して取捨・付加・歪曲などを生ぜしめながら、能動的な合成・統合が行われる。［中略］またここで使用されている「文化」という表現は、一国の文化だけを含意しているわけではない。世代、性別、社会階層・階級、農村生活者と都市居住者のような生活様式、イデオロギー、宗教など各集団が抱く価値観をも含めた広義の文化を指している。そしてこのような世界観を異にした集団間で相互作用が生じ、情報が交換されるときに、異文化間変異が観察されるのである。
　　　　　　（小坂井敏晶『異文化受容のパラドックス』朝日新聞社、1996年、194-195頁）

受容(する)：acceptance　接受　수용　　歪み：distortion, contortion　歪曲, 曲解　비뚤어짐. 뒤틀림. 왜곡　　既存：existing　原有, 現有　기존　　並列(する)：parallel　并列　병렬
葛藤(する)：trouble, discord, confliction　纠纷, 纷争　갈등　　取捨(する) selection, sorting out　取舍　취사：쓸 것은 쓰고 버릴 것은 버림.　　歪曲(する)：distortion　歪曲　왜곡　　能動的(な)：active　能动的　능동적(인)　　含意(する)：implication, connotation　含意, 意味　함의：말이나 글 속에 어떠한 뜻이 들어 있음

大学生活に必要な日本語の力

❶ 大学で求められる日本語の力のうち、読む力、まとめる力、伝える力、議論する力とはどのようなものと思いますか。この教科書でのゼミを想定した活動に基づいてまとめましょう。

❷ 次の文章から大学で求められる日本語力はどのようなものかを読み取り、この教科書を使った活動を今後の学生生活にどう生かしていくかを考えましょう。

　大学で求められる日本語力とは、どのようなものだと思いますか。あなたは、大学での生活の中から何を学ぶのでしょうか。専門領域の知識、将来、社会の構成員として機能するための教養がそれでしょう。ほかに、専門の違いを超えて、学生が共通に学ぶべきことはないでしょうか。
　この教科書『文化へのまなざし』のゼミを想定した活動を通して、あなた自身が経験したことを振り返ってみましょう。あなたが実感していることは、日本語が上達した、語彙が増えた、表現力が増したということではないでしょうか。この活動では、まず、与えられた資料から情報を読み取り、それを的確に整理し、自分のことばで表現すること、次に、その情報について自分自身がどのように考えたか、情報に自分なりの評価を与えること、さらに、資料の情報と自分自身の考えを区別して他者に伝えることが求められました。他者の正確な理解を促すためには、何をどの順で提示するか、つまり、論の構成を工夫することも大切でした。そして、より的確に伝えるために、日本語の表現力も必要でした。日本語が上達したという実感は、これらの一連の行為が六つのテーマを通して繰り返され、経験が積み重ねられたからこそ、得られたのではないでしょうか。
　一方、大変であったと感じているのは、資料2Aと2Bの分担読解だったかもしれません。分担読解では、与えられた資料を読んで皆さんがどのように感じたかより先に、まず資料の内容を正確に理解し、的確に整理し、自分自身の意見と切り離して客観的に他者に伝えることが求められ、皆さんはその行為を、責任を持って遂行しなければならなかったと思います。しかし、分

担読解のあとのディスカッションでは、各自が、自分自身の意見と切り離したところで情報を持ち寄り、それらを共有したうえで成立する生産的な議論の楽しさを実感したことと思います。また、その議論から、それまで考えたことがなかったような新しい知見を得た人もいるかもしれません。その楽しさや新たな発見は、皆さんが能動的に考えた結果得られたものにほかなりません。能動的に考えるということは、皆さん自身の既成概念、通念、好き嫌いなどをいったん脇において、取り組むべき情報と向き合うときに始まります。

　この、日本語という言語を駆使して能動的に考える力こそが、大学で求められる資質であり、日本語の力であり、あなた自身が意識的に追求していくべきものなのです。

（近藤安月子・丸山千歌）

あとがき

　出版にあたって、この上級教科書開発のきっかけとなった模擬ゼミ授業に参加してくれたAIKOM日本語プログラム2期生から8期生の学習者のみなさん、その間、模擬ゼミ授業の実現にご協力くださったAIKOM日本語プログラム非常勤講師の先生方、また、試用版の一部を使った学部上級日本語の授業に参加してくれた横浜国立大学日本語ⅠEの受講生のみなさんに感謝の意を表したいと思います。これらの方々のご協力と有益なコメント、評価がなければ、この教科書は実現しなかったと思います。

　また、資料の転載を許可してくださった水野義明氏、本名信行氏、斎藤兆史氏、有村久春氏、佐藤学氏、鵜川昇氏、野崎歓氏、エリス俊子氏、故大澤吉博氏、玄田有史氏、山田昌弘氏、長山靖生氏、EUジャパンフェスト日本委員会、白石さや氏、中野嘉子氏、呉咏梅氏、金子隆一氏、井上薫氏、粥川準二氏、リービ英雄氏他、皆様にお礼申し上げます。

　教科書作成の段階でも、多くの方々のご協力をいただきました。まず、教材の語彙リスト作成にあたって、英語訳はJason Ying-Chih LinさんとRaquel Hillさん、中国語訳は許亦賽さんと王俊文さん、韓国語訳は朴恵延さんと金秀美さんにご協力いただきました。また本文入力をご担当くださった尾根波留奈さん、CD作成にあたってご尽力くださった野谷昭男さん（東京大学教養学部視聴覚教室技術専門職員）にも心よりお礼を申し上げます。（有）P. WORDの皆様、ありがとうございました。

　最後に、この教科書が『中・上級日本語教科書　日本への招待』に続く上級レベルの教科書の形で結実したことは、編集担当の小暮明さんの私どもの夢へのサポート、そして日本語教科書開発への熱意とご協力によるところが大きく、あらためて心よりお礼申し上げます。本当にありがとうございました。

2005年4月

近藤　安月子
丸山　千歌

【3頁写真】
バーバル・R／エンフバト『モンゴル人』（2002年、ウランバートル、モンソダル出版社）より
©Disney
PHOTO : Stewart Ferguson / CAMERA PRESS / ORION PRESS

編著者略歴

近藤　安月子（こんどう　あつこ）
東京大学名誉教授。国際基督教大学教養学部卒、コーネル大学大学院 Ph.D.（言語学）、カンザス大学専任講師、ハーバード大学専任講師、コーネル大学 Teaching Assistant、東京外国語大学外国語学部助教授、東京大学大学院総合文化研究科教授を経て現職。Japanese-English Learner's Dictionary（研究社）、『中・上級日本語教科書　日本への招待　第 2 版』（東京大学出版会）、『中級日本語教科書　わたしの見つけた日本』（東京大学出版会）、『日本語学入門』（研究社）、『日本語文法の論点 43』（研究社）、『「日本語らしさ」の文法』（研究社）などを執筆・編集。

丸山　千歌（まるやま　ちか）
立教大学異文化コミュニケーション学部教授。国際基督教大学教養学部卒、同大学大学院博士（学術）。国際基督教大学非常勤助手、東京家政学院大学、東京大学 AIKOM 日本語プログラム非常勤講師、横浜国立大学留学生センター准教授を経て現職。『中・上級日本語教科書　日本への招待　第 2 版』（東京大学出版会）、『中級日本語教科書　わたしの見つけた日本』（東京大学出版会）、『総合日語　第 2 冊』（北京大学出版会・凡人社）、『新界標日本語』（復旦大学出版会）などを執筆・編集。

上級日本語教科書　文化へのまなざし
テキスト

2005 年 4 月 26 日　初　版
2019 年 1 月 7 日　第 5 刷

［検印廃止］

編著者　東京大学 AIKOM 日本語プログラム
　　　　近藤安月子・丸山千歌
発行所　一般財団法人　東京大学出版会
　　　　代　表　者　吉見俊哉
　　　　153-0041　東京都目黒区駒場 4-5-29
　　　　電話　03-6407-1069・03-6407-1991
　　　　振替　00160-6-59964
組　版　有限会社 P.WORD
印刷所　株式会社ヒライ
製本所　牧製本印刷株式会社

© 2005　KONDOH Atsuko and MARUYAMA Chika,
ABROAD IN KOMABA, The University of Tokyo
ISBN978-4-13-082122-3　Printed in Japan

JCOPY 〈(社)出版者著作権管理機構　委託出版物〉
本書の無断複写は著作権法上での例外を除き禁じられています．
複写される場合は，そのつど事前に，(社)出版者著作権管理機構
（電話 03-3513-6969，FAX 03-3513-6979，e-mail: info@jcopy.or.jp）
の許諾を得てください．

東京大学AIKOM日本語プログラム　近藤安月子・丸山千歌［編著］

中・上級日本語教科書　日本への招待　第2版

For Pre-Advanced and Advanced Learners of Japanese
Images of Japan, 2nd Edition

新聞・小説・エッセイなど多彩な文章と、豊富な図・グラフから学ぶ

日本語を学びながら、日本人・日本社会に対するステレオタイプを突き崩し、「日本」や「国際理解」について考えることができる教材。女性の生き方、教育のあり方、日本に住む外国人など多様化する日本社会をテーマに、学習者の知的好奇心にこたえる厳選された文章や資料を収める。

テキスト　Text

Ｂ５判・196頁・定価（本体2400円＋税）　ISBN978-4-13-082011-0

新聞・小説・エッセイ・イラスト・図表などから日本語を学ぶ。それぞれの文章には、学習者のレベルに応じて「フリガナつき」「フリガナなし」の二つを用意。日本を知るための参考図書リストも付く。

　　　＜主な目次＞
　　　はじめに　　イメージの日本・日本人──ステレオタイプへの挑戦
　　　テーマ1　　女性の生き方　（「働く女性の生活」「私たちの選択」ほか）
　　　テーマ2　　子どもと教育　（「「登校拒否」って何？」「親子の姿　重ねた体験」ほか）
　　　テーマ3　　若者の感性　　（「いつの時代も若者は」「若者の友人関係」ほか）
　　　テーマ4　　仕事への意識　（「新しい時代の働き方」「会社と「出る杭・出ない杭」」ほか）
　　　テーマ5　　日本の外国人　（「在日ブラジル人　脱・出稼ぎ」「外国人はめずらしい？」ほか）
　　　おわりに　　多様化する日本・日本人──ステレオタイプを超えて

予習シート・語彙・文型　Tasks, Vocabulary and Sentence Patterns

Ｂ５判・216頁・定価（本体2800円＋税）　ISBN978-4-13-082012-7

テキストの読みを助ける「予習シート」、2310語の「語彙」リスト、便利な59の「文型」からなる副読本。英語・中国語・韓国語の対訳が付く。

CD3枚付セット　Complete Set with 3 CDs

定価（本体9500円＋税）　ISBN978-4-13-082013-4

①テキスト、②予習シート・語彙・文型、③テキストの「資料」を収録したＣＤ3枚（合計165分）のセット。

教師用指導書　Teacher's Manual

Ｂ５判・152頁・定価（本体3800円＋税）　ISBN978-4-13-082014-1

『日本への招待』の概要、具体的な使用法、発展させた活動といった資料を盛り込む。いっそう充実した授業のために。